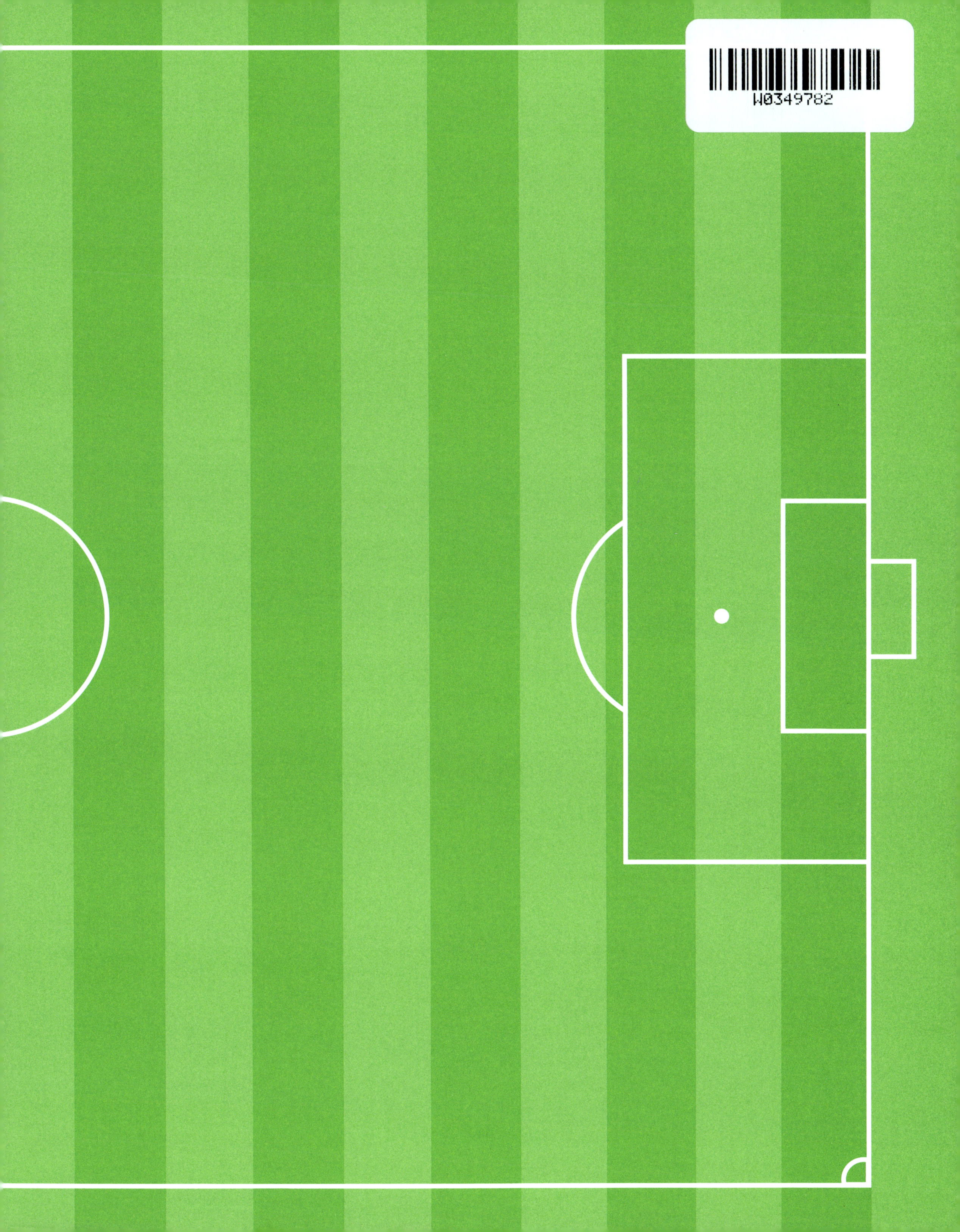

FUSSBALL VERRÜCKT

DK | Penguin Random House

Lektorat Rona Skene, Francesca Baines, Chris Hawkes, Suhel Ahmed, Andrew Macintyre, Liz Wheeler, Jonathan Metcalf
Gestaltung und Bildredaktion Kelly Adams, Deepak Mittal, Chrissy Barnard, Philip Letsu, Harish Aggarwal, Mik Gates, Stefan Podhorodecki, David Ball, Kit Lane, Simon Mumford, Sadie Thomas, Steve Crozier, Nic Dean, Surya Sarangi, Rakesh Kumar, Karen Self
Umschlaggestaltung Akiko Kato, Priyanka Sharma Saddi
Herstellung Gill Reid, Poppy David, Jacqueline Street-Elkayam, Jude Crozier, Gary Batchelor
Fachliche Beratung Tracey Bourne
Illustrationen Adam Benton, Stuart Jackson-Carter, Jon@kja-artists

Für die deutsche Ausgabe:
Verlagsleitung Monika Schlitzer
Programmleitung Heike Faßbender
Redaktionsleitung Martina Glöde
Herstellungsleitung Dorothee Whittaker
Herstellungskoordination Claudia Rode
Herstellung Inga Reinke

Titel der englischen Originalausgabe:
Goal!

Aktualisierte Neuausgabe

Übersetzung Dr. Michael Schmidt
Satz und Lektorat Hans Kaiser

ISBN 978-3-8310-4887-8

Druck und Bindung TBB, a.s., Slowakei

FSC www.fsc.org MIX Papier | Fördert gute Waldnutzung FSC® C018179

www.dk-verlag.de

INHALT

Das schöne Spiel

Grundlagen und Regeln

Technische Fertigkeiten

Fußball als Teamwork

Verein, Spieler und Fans

Turniere und Trophäen

Das schöne Spiel

Niemand weiß genau, wer das Fußballspiel erfunden hat. Doch nachdem die Spielregeln 1863 festgelegt worden waren, verbreitete es sich rasch um den ganzen Globus. Heute hat die beliebteste Sportart der Welt rund 5 Milliarden Fans.

Historische **Ballspiele**

Die Menschen spielen seit **etwa 4000 Jahren** Ballspiele. All diese Spiele hatten **eigene Regeln**. Manche ähnelten dem **heutigen Fußball**.

Menschen aus allen Schichten spielten Cuju, das jahrhundertelang beliebt blieb.

Cuju wurde auch in Japan, Korea und Vietnam gespielt.

Cuju wurde schon vor über 2000 Jahren in China gespielt und hatte viel mit unserem Fußball gemeinsam. Die Spieler durften weder Hände noch Arme benutzen und der Ball wurde in ein Tor geschossen.

MESOAMERIKANISCHES BALLSPIEL

Das in Mittelamerika vor über 3600 Jahren gespielte Ballspiel ist der älteste Teamsport der Welt. Gespielt wurde auf einem Spielfeld. Der Ball musste durch einen Ring befördert werden, ohne dabei die Hände zu benutzen.

Bei Wettkämpfen spielten zwei Teams von 12 bis 16 Spielern gegeneinander.

Einzelne Spieler wurden berühmt und reich. Im 10. Jh. wurde die beste Mannschaft sogar in einer Landesmeisterschaft ermittelt.

Der Ball hatte eine äußere Hülle aus Leder und war mit Federn ausgestopft.

Das Spiel **beginnt**

Eine Reihe fußballähnlicher Spiele wurden Mitte des 19. Jahrhunderts in **englischen Internaten** gespielt. Doch **die Regeln** dieser Spiele waren **alle unterschiedlich**, sodass die Schulteams nicht gegeneinander spielen konnten.

8 Spieler bilden ein „Bully“: 3 „Corners“, 2 „Sideposts“, 1 „Post“, 1 „Pup“ und 1 „Fly“.

Die Spieler außerhalb des Bullys heißen „Behinds“. Gelangt der Ball zu ihnen, schießen sie ihn über das Bully in Richtung des gegnerischen Tors.

Zwei Arten von Spielern bilden die „Behinds“: die „Shorts“ und die „Longs“.

Die Regeln für das Eton Field Game wurden 1815 festgelegt.

DIE FOOTBALL ASSOCIATION (FA)

Der Engländer Ebenezer Morley gilt als Vater der Football Association, dem ersten nationalen Fußballverband. Sein Vorschlag, im Fußball solle es eine Reihe gemeinsamer Regeln geben (damit Mannschaften gegeneinander spielen könnten), führte nach etlichen Sitzungen zur Gründung der Football Association am 26. Oktober 1863. Einige Monate später wurden die ersten Spielregeln veröffentlicht.

An der prestigeträchtigen Privatschule Eton College wird noch heute das „Field Game“ gespielt. Wie beim Fußball ist der Ball rund und die Spieler dürfen ihn nicht mit der Hand berühren. Doch die Regeln sind komplizierter als beim Fußball und es gibt ähnlich wie beim Rugby ein Gedränge, das sogenannte „Bully“.

DAS ERSTE LÄNDERSPIEL

Das erste Länderspiel wurde 1872 im schottischen Glasgow zwischen England und Schottland ausgetragen. Das Spiel endete 0:0.

Der Fußball verbreitete sich in andere Länder durch die vielen Verbindungen des Britischen Weltreichs und dank der zahlreichen englischen Arbeiter, die in alle Welt reisten. Schon bald gründeten sich in diesen Ländern eigene nationale Fußballverbände.

1863 Die Football Association, der erste nationale Fußballverband, wird in England gegründet.

1873 In Schottland entsteht der zweite nationale Fußballverband der Welt.

1876 Der walisische Fußballverband wird gegründet.

1889 Dänemark und die Niederlande gründen als erste kontinentaleuropäische Länder nationale Fußballverbände.

1891 Neuseeland gründet als erstes Land außerhalb Europas einen nationalen Fußballverband.

1900 Am 28. Januar wird in Leipzig der Deutsche Fußball-Bund (DFB) gegründet.

1904 Der Fußballverband von Haiti wird gegründet – der erste in Nordamerika.

1912 Die kanadische Soccer Association wird gegründet, 1913 die Soccer Federation der USA.

1921 Ägypten gründet als erstes Land in Afrika einen nationalen Fußballverband.

1924 Der chinesische Fußballverband wird gegründet.

1928 Israel und Palästina gründen nationale Verbände.

1939 Zu Beginn des Zweiten Weltkriegs gibt es 109 nationale Verbände.

1860 **1890** **1920**

Der Fußball erobert die Welt

Der 1857 gegründete FC Sheffield ist der älteste Fußballverein der Welt.

Nach der Gründung der Football Association in England 1863 vergehen **noch gut hundert Jahre**, bis wie heute auf **jedem Kontinent** und fast in **jedem Land** der Welt Fußball gespielt wird.

1947 Ein nationaler Verband entsteht im neuen Staat Pakistan.

1960 Zwölf nationale Verbände entstehen weltweit – die größte Anzahl in einem Jahr.

1961 Die Football Federation Australiens entsteht – 70 Jahre nach dem neuseeländischen Verband.

1965 Die Football Association von Simbabwe entsteht, als das Land die Unabhängigkeit von England erringt.

1971 Der Fußballverband der Vereinigten Arabischen Emirate wird gegründet.

1989 Weißrussland gründet als erster ehemaliger Sowjetstaat einen eigenen nationalen Fußballverband.

1991 Die Football Association Südafrikas wird nach dem Ende der Apartheid reformiert.

2016 Kosovo und Gibraltar werden Mitglieder der FIFA.

1950 1980 2010

Fußball heute

Die **Fédération Internationale de Football Association (FIFA)** ist der Weltverband des Fußballs. Von Antarktika abgesehen hat **jeder Kontinent** seinen **eigenen Verband**, der internationale Turniere sowie Vereinswettbewerbe organisiert.

CONCACAF

Die CONCACAF organisiert Fußballspiele in Nord- und Mittelamerika sowie der Karibik. Ihr Sitz ist in Miami (USA).

Gegründet: 1961
Mitglieder: 41
Internationale Wettbewerbe: CONCACAF Gold Cup
Vereinswettbewerbe: CONCACAF Champions League

UEFA

Die UEFA ist der Fußballdachverband in Europa. Ihr Sitz ist in Nyon (Schweiz).

Gegründet: 1954
Mitglieder: 55
Internationale Wettbewerbe: UEFA Europameisterschaft
Vereinswettbewerbe: UEFA Champions League, UEFA Europa League

CONMEBOL

Die CONMEBOL ist der älteste Kontinentalverband der Welt. Sie organisiert die Spiele in Südamerika von ihrem Sitz in Luque (Paraguay) aus.

Gegründet: 1916
Mitglieder: 10
Internationale Wettbewerbe: Copa América
Vereinswettbewerbe: Copa Libertadores, Copa Sudamericana

CAF

Die CAF organisiert die Fußballspiele in Afrika. Ihr Sitz befindet sich in der Stadt des 6. Oktober nahe Kairo (Ägypten).

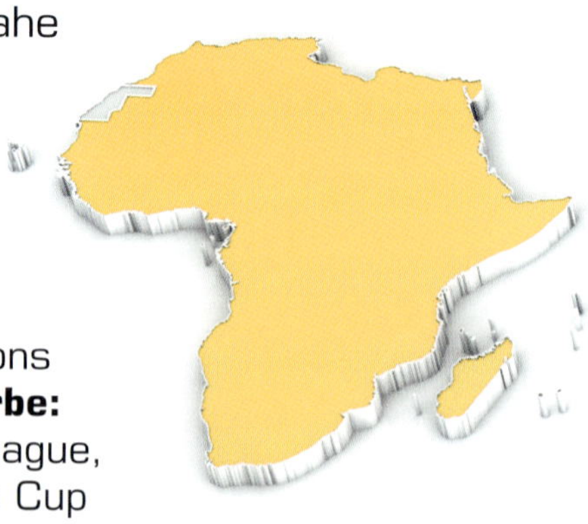

Gegründet: 1957
Mitglieder: 56
Internationale Wettbewerbe: Africa Cup of Nations
Vereinswettbewerbe: CAF Champions League, CAF Confederation Cup

FIFA

Die FIFA organisiert die internationalen Hauptwettbewerbe. Ihr Sitz ist in Zürich (Schweiz).

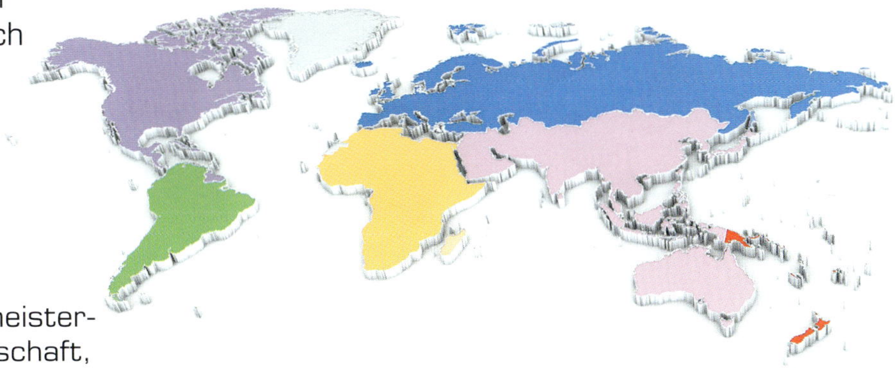

Gegründet: 1904
Mitglieder: 211
Internationale Wettbewerbe:
FIFA Weltmeisterschaft, FIFA Weltmeisterschaft der Frauen, FIFA Confederations Cup, FIFA Futsal Weltmeisterschaft, FIFA Beachsoccer-Weltmeisterschaft, Olympische Fußballturniere

AFC

Die AFC organisiert Fußballspiele in Asien und seit 2006 auch in Australien von ihrem Sitz in Kuala Lumpur (Malaysia) aus.

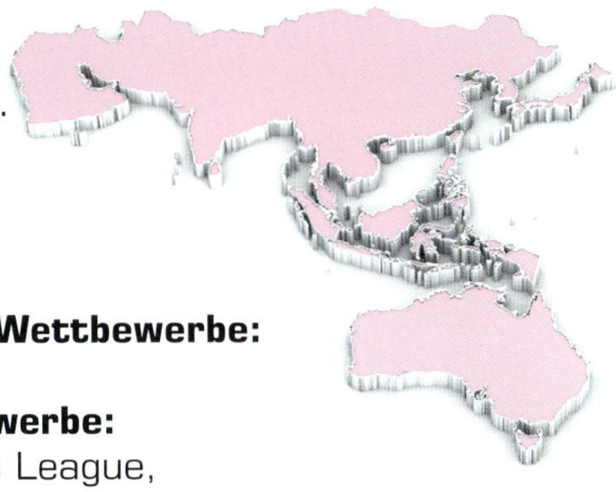

Gegründet:
1954
Mitglieder: 47
Internationale Wettbewerbe:
AFC Asian Cup
Vereinswettbewerbe:
AFC Champions League,
AFC Cup

Das Motto der FIFA lautet: „Für das Spiel. Für die Welt.“

OFC

Die 1966 gegründete OFC ist der jüngste Fußballverband. Sie organisiert Spiele in Ozeanien von ihrem Sitz in Auckland (Neuseeland) aus.

Gegründet: 1966
Mitglieder: 14
Internationale Wettbewerbe:
OFC Nations Cup
Vereinswettbewerbe:
OFC Champions League

IN DER BLÜTEZEIT VERBOTEN

Um 1920 war das Spiel der Frauen so beliebt wie das der Männer. Bei einem Match zog das englische Team der Dick Kerr's Ladies (oben rechts) 53 000 Zuschauer an. Doch 1921 verbot die FA Frauenspiele mit der Begründung, der Sport sei für Frauen ungeeignet.

1881 Ein inoffizielles Frauenländerspiel zwischen Schottland und England findet am 7. Mai 1881 in Edinburgh statt. Schottland gewinnt 3:0.

1890er-Jahre Mehrere Frauenvereine werden in England gegründet. Ein Spiel in Nordlondon zieht 10 000 Zuschauer an.

1919 An der ersten französischen Frauenmeisterschaft nehmen nur zwei Vereine teil.

1920 Dick Kerr's Ladies, Englands führender Frauenklub, gewinnt in Frankreich vor 25 000 Zuschauern gegen eine französische Elf mit 2:0.

1921 Die Football Association verbietet es Frauenteams, auf Plätzen ihrer Mitgliedsvereine zu spielen.

1930er-Jahre Frauenligen entstehen in Frankreich und Italien.

1881

1930

Frauenfußball

Der Frauenfußball erlebte im Lauf der Zeit viele **Höhen und Tiefen**. Zunächst so beliebt wie der Fußball der Männer, wurde er später verboten, hat aber inzwischen einen **großen Aufschwung** erfahren.

Diese Szene stammt aus dem Spiel zwischen der Elfenbeinküste und Thailand bei der WM 2015 (Thailand siegte mit 3:2). An dieser Weltmeisterschaft nahmen erstmals 24 Teams teil. Die Frauen-WM wurde vom Fernsehen in 171 Länder übertragen.

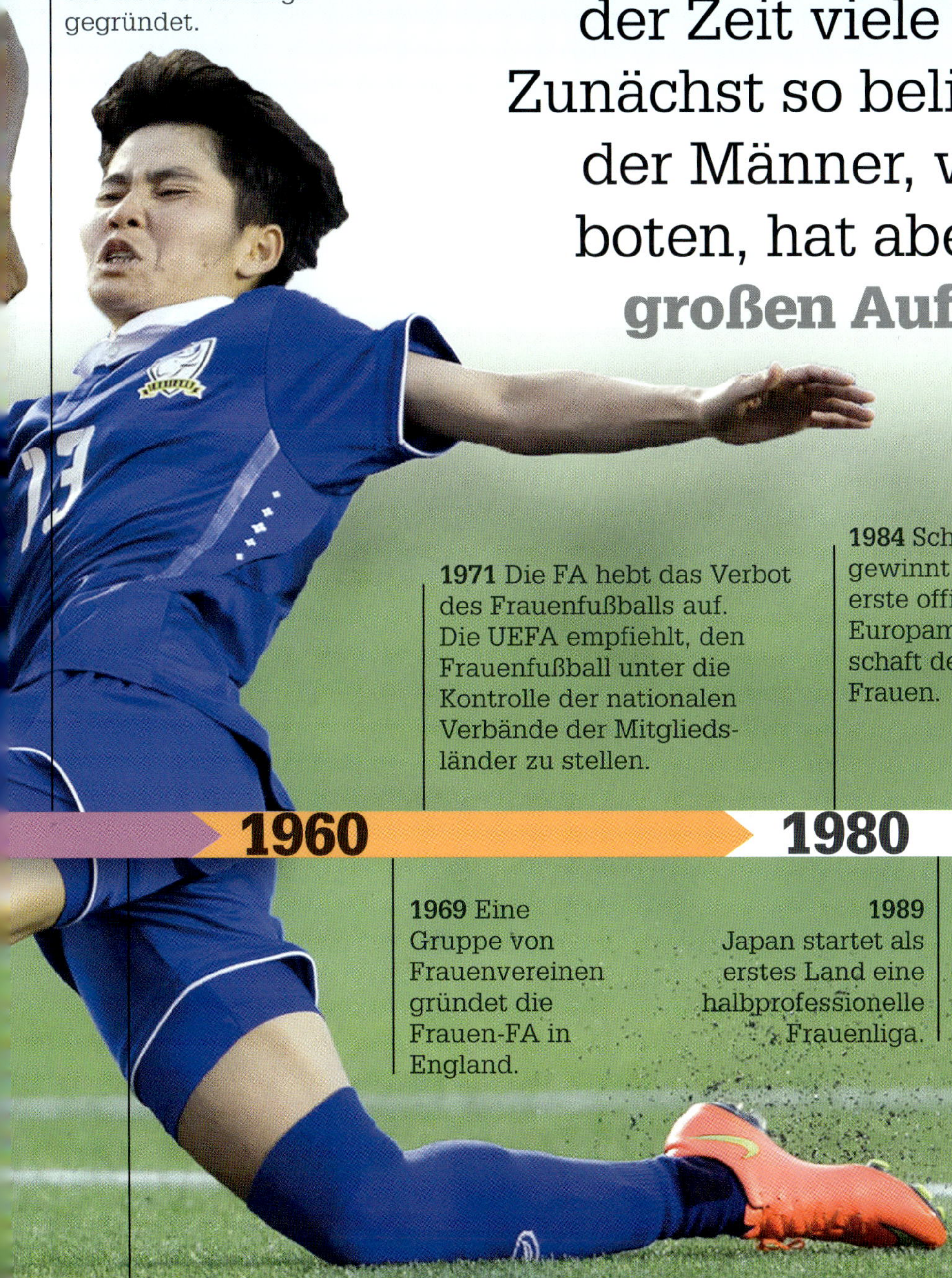

1951 In den USA wird die erste Frauenliga gegründet.

1957 Deutschland trägt eine inoffizielle Frauen-Europameisterschaft aus.

1960

1969 Eine Gruppe von Frauenvereinen gründet die Frauen-FA in England.

1971 Die FA hebt das Verbot des Frauenfußballs auf. Die UEFA empfiehlt, den Frauenfußball unter die Kontrolle der nationalen Verbände der Mitgliedsländer zu stellen.

1980

1984 Schweden gewinnt die erste offizielle Europameisterschaft der Frauen.

1989 Japan startet als erstes Land eine halbprofessionelle Frauenliga.

1991 Die USA gewinnen die erste Weltmeisterschaft der Frauen.

1996 Frauenfußball wird erstmals ins Programm der Olympischen Spiele aufgenommen.

2000

2023 Die Weltmeisterschaft findet erstmals in Ozeanien statt. Mehr als 263 Mio. Menschen verfolgen das Finale am Fernsehbildschirm.

Im Jahr 1971 genehmigte die FIFA das erste Frauenländerspiel.

Nachspielzeit

Zu den **10** wesentlichen Elementen des altchinesischen Spiels Cuju zählten Respekt für andere Spieler, Höflichkeit, Teamgeist, faires Verhalten und kein gefährliches oder eigensinniges Spiel.

Im **mesoamerikanischen Ballspiel** gab es unterschiedlich große und schwere Bälle. Einige waren so klein wie Tennisbälle, andere konnten bis zu 3,6 kg wiegen – so viel wie eine **Wassermelone**.

73 % der FIFA-Mitgliedsverbände haben ein Frauenteam.

30 Millionen Frauen und Mädchen auf der Welt spielen Fußball.

Länder mit den meisten registrierten **Spielern**

Spieler, die für einen Verein spielen, sind normalerweise beim nationalen Fußballverband registriert. Die Grafik zeigt die Länder mit den meisten registrierten Spielern.

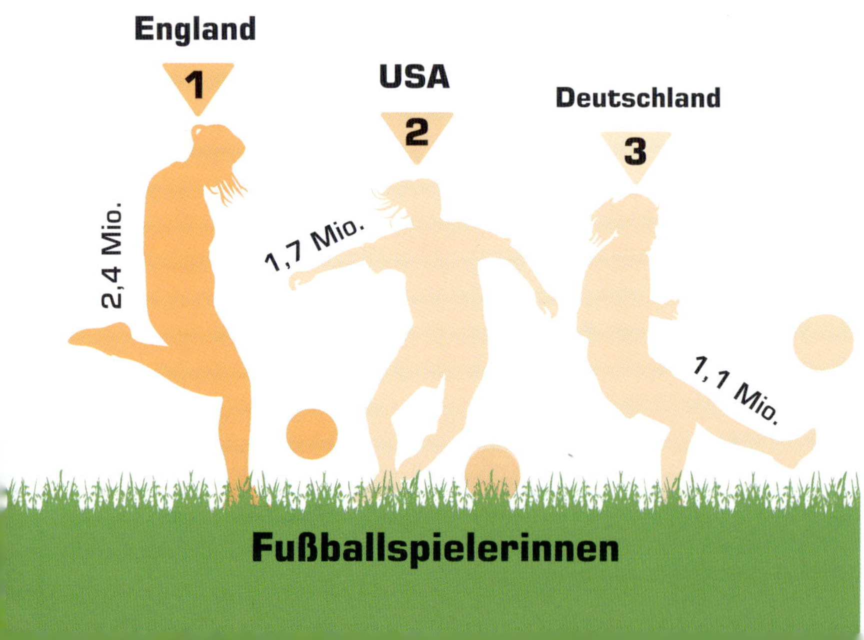

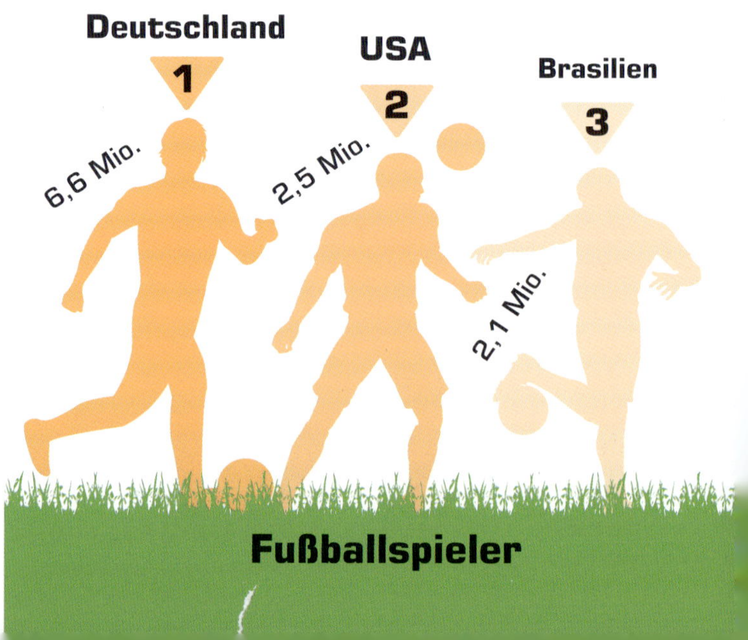

Die reichsten Ligen der Welt

Nationale Ligen verdienen ihr Geld vor allem mit dem Verkauf der Übertragungsrechte von Spielen an Fernsehsender. In Europa gibt es die fünf reichsten Ligen der Welt, mit Englands Premier League an der Spitze und der Bundesliga an dritter Stelle.

50% der FIFA-Mitgliedsländer haben ein **Jugendteam**.

Die FIFA hat **211 Mitgliedsländer**, die Vereinten Nationen **193 Staaten**.

Länder mit den meisten männlichen **Profispielern**

2017 ermittelte die FIFA, dass es in Brasilien die meisten professionellen Fußballspieler gibt.

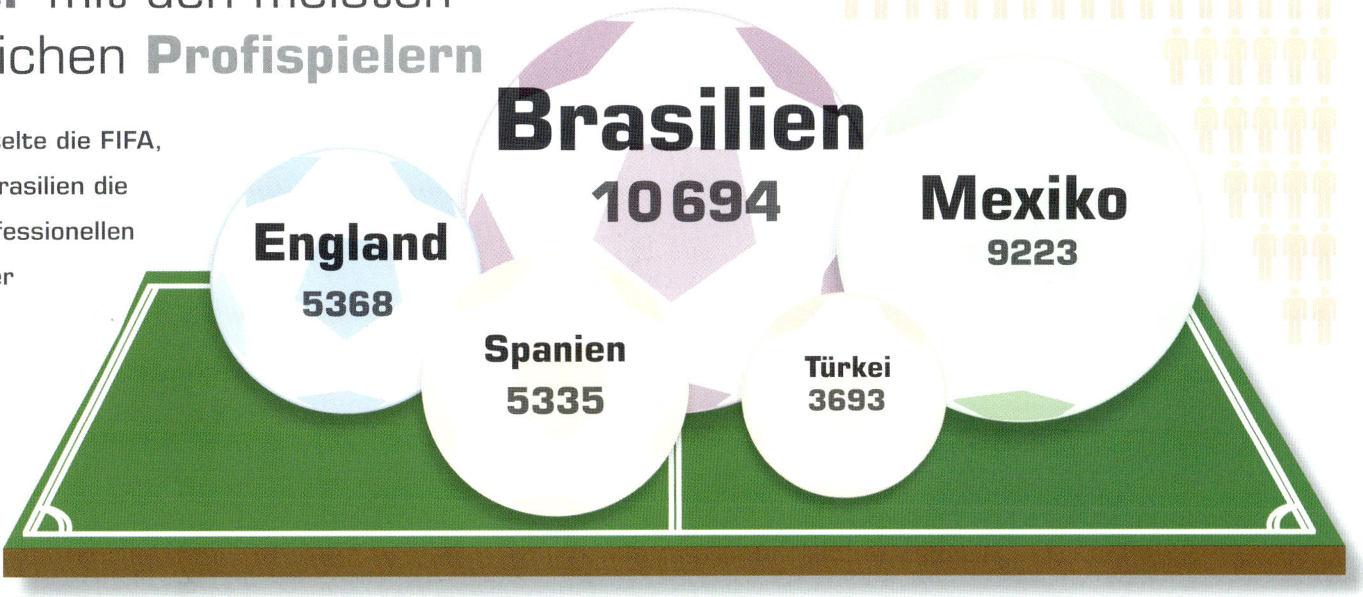

THE LEAGUE

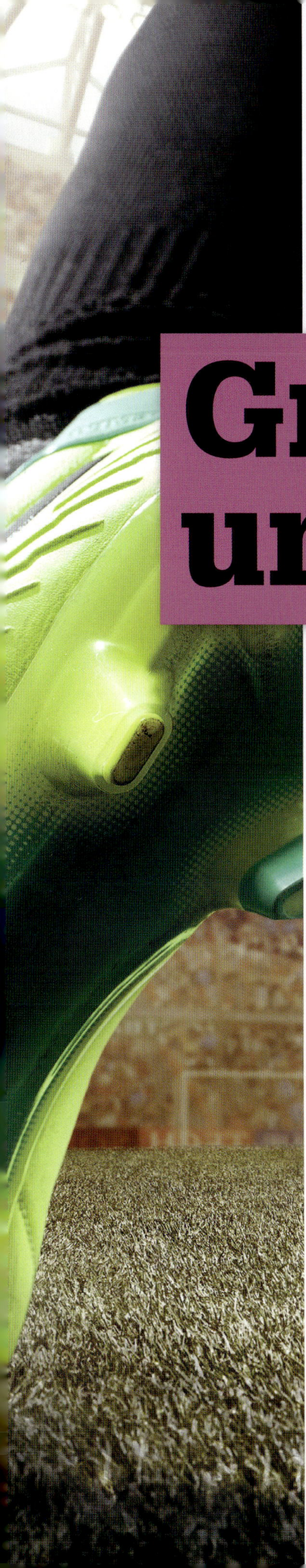

Grundlagen und Regeln

Alle können Fußball spielen – man braucht nur einen Ball und etwas Platz zum Kicken. Auch das professionelle Spiel ist relativ einfach: Zwei Teams mit je 11 Spielenden spielen 90 Minuten lang, wobei ein Schiedsrichtergespann (die Schiedsrichterin und ihre Assistenten) darauf achtet, dass beide Manschaften sich an die Spielregeln halten.

Spielregeln

Im Fußball decken **17 Regeln** jeden Aspekt des Spiels ab. 1863 führte die **englische FA** 13 Regeln ein. Die anderen vier kamen später hinzu.

1 Spielfeld
Es kann unterschiedlich groß sein, muss aber rechteckig sein und die korrekten Markierungen haben.

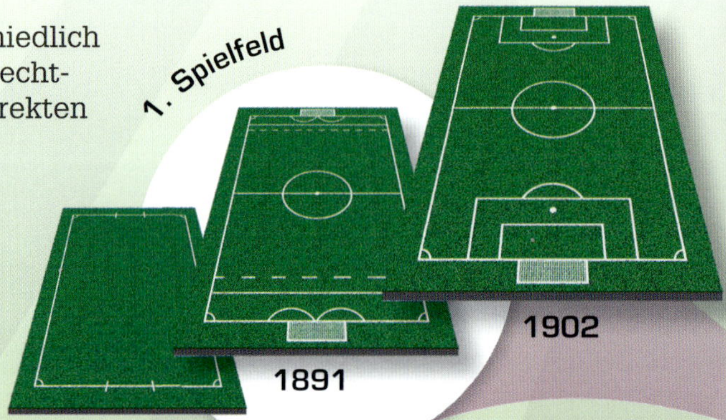

2 Ball
Der Ball muss 410 bis 450 g wiegen und einen Umfang zwischen 68 und 70 cm haben.

3 Zahl der Spielenden
Jedes Team spielt mit 11 Personen. Hat ein Team weniger als 7 Spieler, darf das Spiel nicht begonnen oder fortgesetzt werden.

4 Ausrüstung
Die Spielerinnen und Spieler müssen ein Trikot, eine kurze Hose, Stutzen, Schienbeinschoner und Fußballschuhe tragen.

5 Schiedsrichter
Ein Schiedsrichter (Mann oder Frau) leitet das Spiel, die Entscheidungen sind bindend.

6 Assistenten
Zwei Assistenten und ein Video-Assistent unterstützen den Schiedsrichter bei der Durchsetzung der Regeln.

7 Spieldauer
Ein Spiel umfasst zwei Halbzeiten von je 45 Minuten, zwischen denen eine Halbzeitpause liegt.

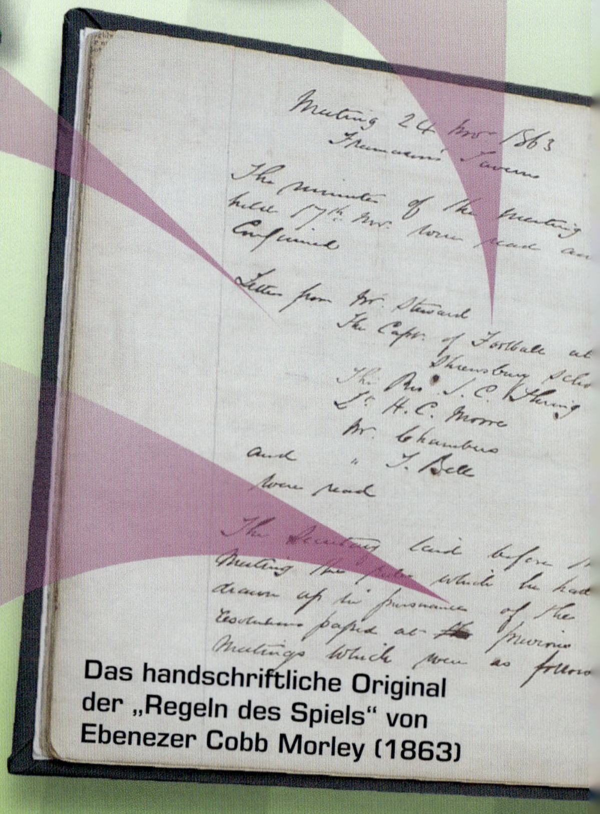

Das handschriftliche Original der „Regeln des Spiels“ von Ebenezer Cobb Morley (1863)

8 Spielbeginn
Das Spiel beginnt mit einem Anstoß. Auch nach jedem Tor gibt es einen Anstoß.

9 Ball im Spiel
Der Ball ist innerhalb des Spielfelds so lange im Spiel, bis der Schiedsrichter unterbricht.

10 Erzielung eines Tors
Ein Tor ist erzielt, wenn der Ball die Torlinie zwischen den Torpfosten mit ganzem Umfang passiert hat.

11 Abseits
Ein Spieler ist im Abseits, wenn er im Augenblick des Zuspiels der gegnerischen Torlinie näher ist als der Ball und der vorletzte Abwehrspieler.

12 Fouls und unsportliches Verhalten
Die Spielenden müssen fair und sicher spielen und werden für jedes unfaire oder unsportliche Verhalten bestraft.

13 Freistoß
Fouls und andere Regelverstöße werden mit einem Freistoß geahndet. Er wird von der Stelle ausgeführt, an der sich das Vergehen ereignet hat.

14 Strafstoß
Ein Team erhält einen Strafstoß, wenn ein Spieler im gegnerischen Strafraum gefoult wird.

15 Einwurf
Ein Team bekommt einen Einwurf, wenn der Ball die Seitenlinie überquert hat und zuletzt von einem gegnerischen Spieler berührt wurde.

16 Abstoß
Das verteidigende Team bekommt einen Abstoß, wenn der Ball vor dem Überqueren der Torauslinie zuletzt von einem Angreifer berührt wurde.

17 Eckstoß
Das angreifende Team bekommt einen Eckstoß, wenn der Ball vor dem Überqueren der Torauslinie zuletzt von einem Spieler des verteidigenden Teams berührt wurde.

12. Fouls und unsportliches Verhalten

10. Erzielung eines Tors

15. Einwurf

17. Eckstoß

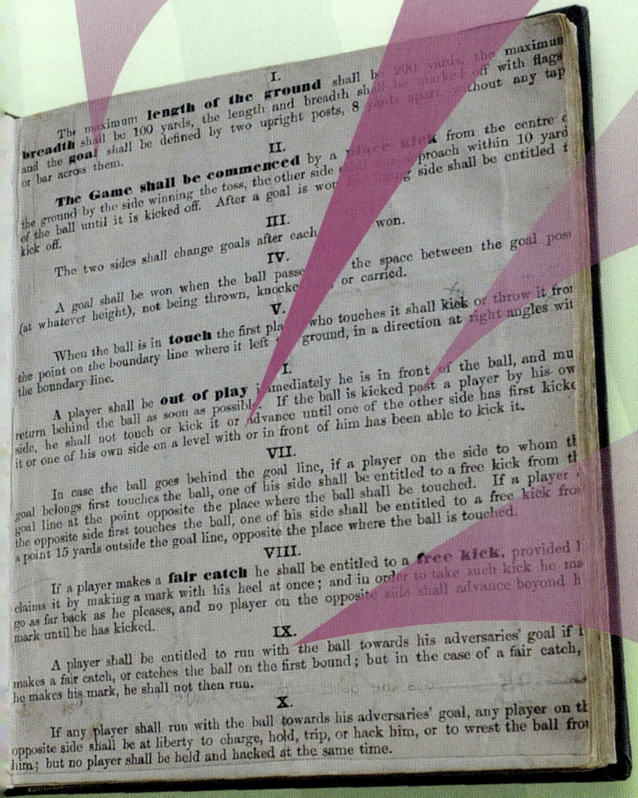

I.

The maximum **length of the ground** shall be 200 yards, the maximum **breadth** shall be 100 yards, the length and breadth shall be marked off with flags and the **goal** shall be defined by two upright posts, 8 yards apart, without any tap or bar across them.

II.

The Game shall be commenced by a place kick from the centre of the ground by the side winning the toss, the other side shall not approach within 10 yard of the ball until it is kicked off. After a goal is won the losing side shall be entitled to kick off.

III.

The two sides shall change goals after each goal is won.

IV.

A goal shall be won when the ball passes between the goal posts (at whatever height), not being thrown, knocked on, or carried.

V.

When the ball is in **touch** the first player who touches it shall kick or throw it from the point on the boundary line where it left the ground, in a direction at right angles with the boundary line.

VI.

A player shall be **out of play** immediately he is in front of the ball, and must return behind the ball as soon as possible. If the ball is kicked past a player by his own side, he shall not touch or kick it or advance until one of the other side has first kicked it or one of his own side on a level with or in front of him has been able to kick it.

VII.

In case the ball goes behind the goal line, if a player on the side to whom the goal belongs first touches the ball, one of his side shall be entitled to a free kick from the goal line at the point opposite the place where the ball shall be touched. If a player of the opposite side first touches the ball, one of his side shall be entitled to a free kick from a point 15 yards outside the goal line, opposite the place where the ball is touched.

VIII.

If a player makes a **fair catch** he shall be entitled to a **free kick**, provided he claims it by making a mark with his heel at once; and in order to take such kick he may go as far back as he pleases, and no player on the opposite side shall advance beyond his mark until he has kicked.

IX.

A player shall be entitled to run with the ball towards his adversaries' goal if he makes a fair catch, or catches the ball on the first bound; but in the case of a fair catch, if he makes his mark, he shall not then run.

X.

If any player shall run with the ball towards his adversaries' goal, any player on the opposite side shall be at liberty to charge, hold, trip, or hack him, or to wrest the ball from him; but no player shall be held and hacked at the same time.

Die ersten Spielfelder hatten keine Markierungen. Fahnen markierten die Ecken. Die Torpfosten standen wie heute 7,32 m auseinander, hatten aber keinen Querbalken.

Zwei 5,5 m große Halbkreise waren vor dem Tor angebracht. In diesen Bereichen durfte der Torwart nicht berührt werden.

16,5 m vor dem Tor markierte eine Linie den Strafraum.

Ab 1882 gibt es auch Markierungen. Nach Einführung des Strafstoßes 1891 wurde 11 m vor dem Tor eine Linie über das Feld gezogen. Der Spieler durfte irgendwo auf ihr den Strafstoß ausführen.

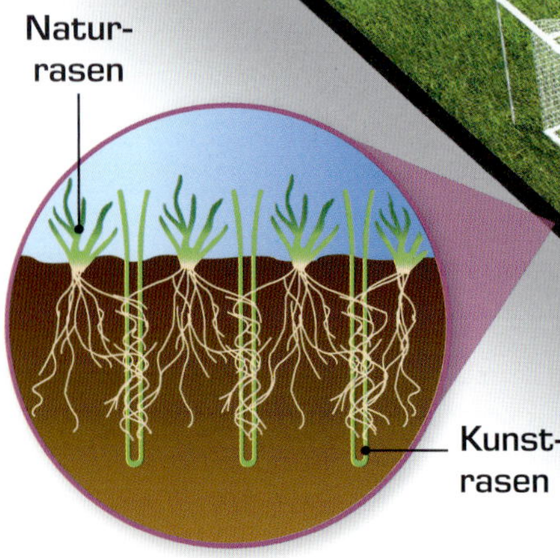

Hybridgras, ein Mix aus Natur- und Kunstrasen, bedeckt heute den Platz der meisten Klubs. Kunstfasern werden 20 cm tief in den Boden eingeführt und haben einen Anteil von 3 % an der Spielfläche.

Das **Spielfeld**

Das erste Regelwerk der FA enthielt keine Vorgaben für **Spielfeldmarkierungen**. Erst im frühen **20. Jh.** nahmen Fußballplätze ihre **moderne Form** an.

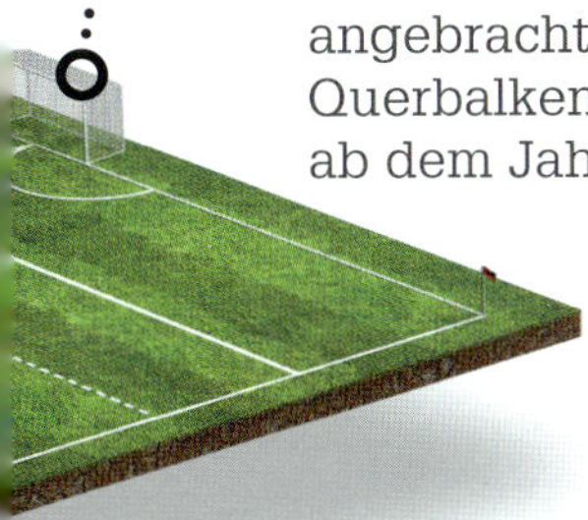

1872 wurde erstmals ein Band zwischen den Pfosten in einer Höhe von 2,44 m angebracht. Ein massiver Querbalken ersetzte es ab dem Jahr 1875.

Die 16,5-m-Linie wurde 1902 zum Strafraum verkürzt. 1937 kam der Strafkreis hinzu, der gewährleistet, dass alle Spieler außer dem Schützen beim Strafstoß mindestens 9,15 m vom Elfmeterpunkt entfernt sind.

Ein normales Spielfeld enthält etwa 300 Mio. Grashalme.

Größe und Aussehen des Spielfelds haben sich stark verändert, seitdem Fußball 1863 erstmals gespielt wurde. Die Abbildungen zeigen, wie Spielfeldmarkierungen im Lauf der Jahre verändert wurden.

RASENHEIZUNG

Die großen Klubs haben eine Rasenheizung unter dem Spielfeld. Sie besteht aus einem Hunderte Meter langen Rohrnetz, in dem heißes Wasser zirkuliert, damit der Rasen im Winter nicht gefriert.

Der **Ball**

Die **frühesten Fußbälle** waren in Leder gehüllte **aufgeblasene Schweinsblasen**. Seither haben sich die **Herstellung** und die **Materialien** von Fußbällen grundlegend verändert.

Der Telstar bestand aus 20 sechseckigen und 12 fünfeckigen zusammengenähten Panels.

Im Mittelalter spielte man mit einem Lederball, in dem eine aufgeblasene Schweinsblase steckte, doch er sprang nicht gut und verlor oft Luft. Heutige Bälle haben eine Außenhülle aus Kunstleder, eine Innenauskleidung und in der Mitte eine Gummiblase.

Den ältesten Fußball fand man in einer schottischen Burg. Er stammt aus der Zeit um 1540.

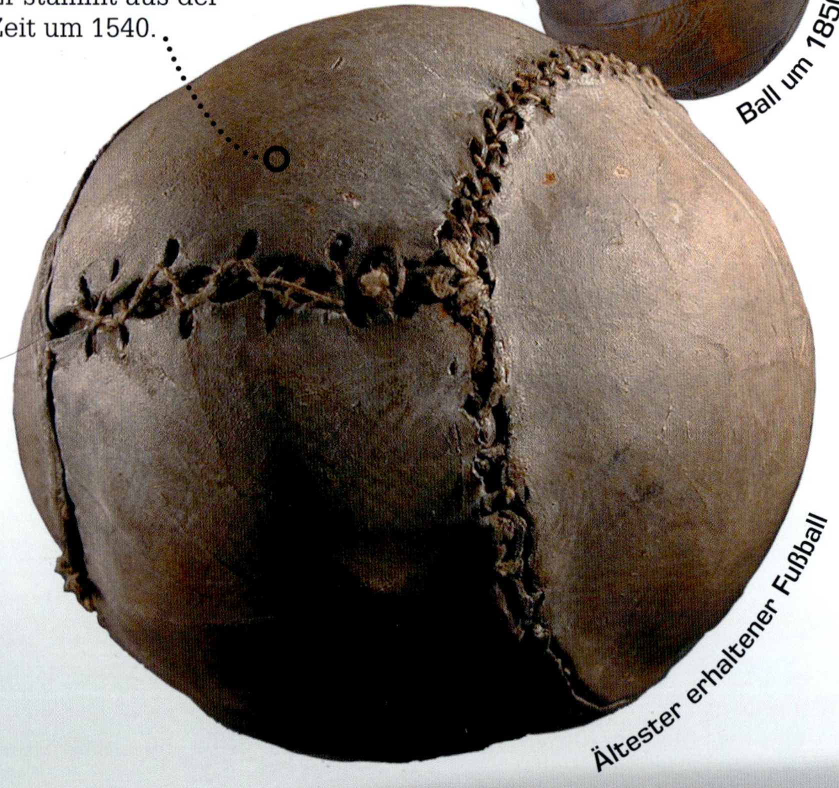

GUT ZU WISSEN

Fußbälle gibt es in verschiedenen Standardgrößen, entsprechend der Fußballvariante und dem Alter der Spielenden.

Ballgröße 5
68–70 cm
Umfang

Ballgröße 4
63,5–66 cm
Umfang

Ballgröße 3
58,5–61 cm
Umfang

Beachfußball
68–70 cm
Umfang

Heutige Bälle haben drei Hauptkomponenten: die Außenhülle, die Innenauskleidung und die Blase.

Die Blase enthält meist Druckluft. Indoor-Fußbälle sind mit Schaumstoff gefüllt, damit sie weniger springen.

Die Innenauskleidung verstärkt den Ball und sorgt für Sprungkraft.

Die Außenhaut ist heute aus Kunstleder wie Polyvinylchlorid (kurz PVC).

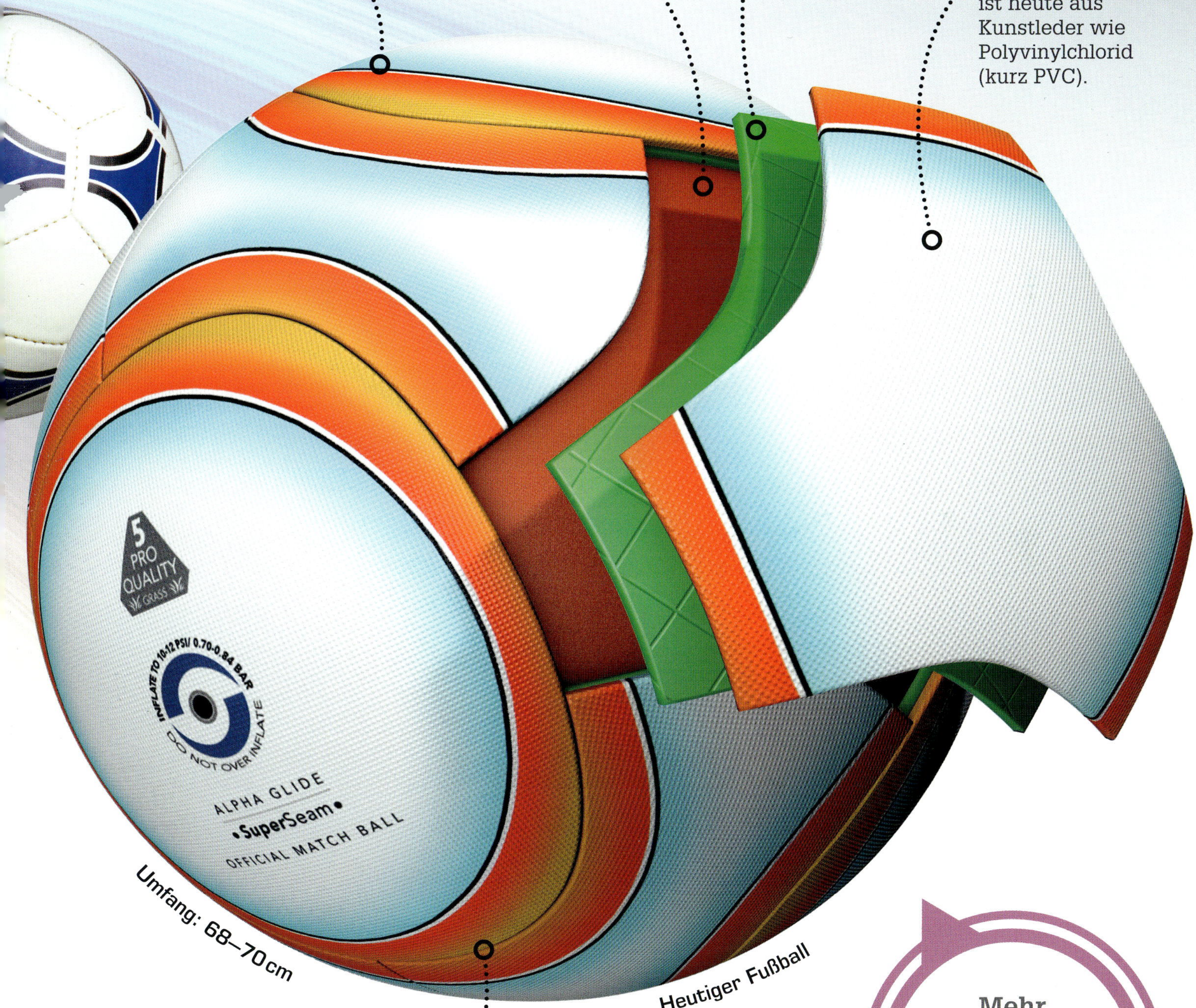

Die Heißklebetechnik ersetzt heute die Ballnähte. Die Panels werden in einer Form heiß verklebt.

Mehr als 40 Mio. Fußbälle werden jährlich hergestellt.

Ausrüstung

Die Fußballkleidung hat sich sehr verändert – von den dicken **Baumwollhemden** und **Schlabbershorts** des 19. Jh. zu den heutigen Trikots und Hosen aus **Hightech-Materialien**.

HEIM- UND AUSWÄRTSDRESS

1921 wurde festgelegt, dass bei Farbgleichheit das Auswärtsteam (und nicht das Heimteam) seine Kleidung ändern muss. Heute haben alle Teams einen Heim- und einen Auswärtsdress, manche sogar noch einen dritten Trikotsatz.

An ihrem Dress kann man die beiden Teams auf dem Platz leicht unterscheiden. Das Design hat sich im Lauf der Zeit stark verändert. Diese Abbildung vergleicht einen Dress um 1890 mit dem eines heutigen Spielers.

Frühe Fußballhemden waren aus dicker Baumwolle und hatten einen Kragen – manche waren sogar aus schwerer Wolle.

Teamtrikots kamen um 1870 auf.

Moderne Trikots sind meist aus Polyester-Netzstoff, der atmungsaktiv ist. Sie enthalten auch Elastan, das für Reißfestigkeit und Flexibilität sorgt.

Die Ärmel können nach den Regeln entweder lang oder kurz sein.

Die Shorts mussten nach einer Regel der Football Association von 1904 die Knie ganz bedecken.

Der erste Spieler mit Schienbeinschonern war 1874 Sam Weller Widdowson vom englischen Klub Nottingham Forest. Er hatte sich abgeschnittene Kricketschoner um seine Strümpfe geschnallt.

Die Stutzen konnten früher jede beliebige Farbe haben. Erst seit 1937 müssen die Klubs Farbe und Design der Stutzen registrieren lassen.

Moderne Hosen sind locker und sorgen für Bewegungsfreiheit und gute Luftzirkulation.

Eintracht Braunschweig trug als erster Verein in der Bundesligasaison 1973/74 einen Sponsor auf dem Trikot.

Moderne Schienbeinschoner bestehen aus verschiedenen synthetischen Materialien. Sie sollen die Wucht des Aufpralls über eine möglichst große Fläche verteilen.

Die Stutzen müssen die Schienbeinschoner ganz bedecken.

Ideale **Schuhe**

Früher sollten Fußballschuhe den Spielenden vor allem **Schutz und Halt** auf dem Platz bieten. Heute hat der moderne Schuh nach langer Entwicklung die Hauptfunktion, **das Leistungsvermögen zu verbessern**.

Die Schuhoberfläche weist unterschiedlich große Zacken und Rillen auf. Sie sorgen für bessere Griffigkeit und Ballkontrolle.

Der Oberteil des Schuhs ist flexibel und unterstützt die Beweglichkeit der Spielenden.

Die Nocken sind pfeilförmig. Tests zeigten, dass sie einen besseren Halt als Stollen auf dem Rasen ermöglichen.

Moderne Schuhe sind das Ergebnis gründlicher Forschung. Untersucht wurden die Bewegungen, welcher Teil des Fußes am häufigsten den Ball berührt und der Tragekomfort.

Eine elastische Strickstulpe unterstützt die Bewegung, hält den Schuh fester am Fuß und sorgt für mehr Komfort.

Die Schuhsohle ist dem Fuß perfekt angepasst.

Die flexible Sohle aus Kunststoff erhöht die Beweglichkeit der Spielenden.

Die Position der Nocken wurde nach gründlicher Analyse von Bewegungen der Spielenden auf dem Platz festgelegt.

FRÜHE SCHUHE

Früher waren Fußballschuhe aus Leder, schwer und unbequem zu tragen. Erst 1891 ließ die englische Football Association Schuhe zu, die mit Stollen versehen waren.

Die ältesten bekannten Fußballschuhe trug 1526 Englands König Heinrich VIII.

Kommunikationstechnik im Wert von mehreren tausend Euro tragen Schiedsrichterinnen und Schiedsrichter in den höchsten Spielklassen auf dem Platz. Über hunderttausend Euro kostet die Installation der Torlinientechnik im Stadion.

Über ein Headset kommuniziert der Schiedsrichter mit seinen Assistenten. So können sie einander selbst bei ohrenbetäubendem Lärm im Stadion deutlich verstehen.

Die rote und die gelbe Karte stecken meist in verschiedenen Taschen. Der Schiedsrichter hat auch ein Notizbuch, in das er Vorfälle während des Spiels einträgt.

Ein Funkgerät überträgt die Mitteilungen aufs Headset. Es wird von einem Akku betrieben.

Früher pfiffen die Schiedsrichter nicht, sondern schwenkten ein Taschentuch.

Die Torlinientechnik überwacht mithilfe computergesteuerter Kameras beide Tore und informiert den Schiedsrichter über ein Gerät am Handgelenk, wenn der Ball die Torlinie voll überquert hat.

Schieds-richter

Der Schiedsrichter sorgt für die **Einhaltung der Spielregeln**. In höheren Spielklassen unterstützt **modernste Technik** seine Arbeit.

Das Signalempfangssystem summt und vibriert, wenn ein Assistent den Knopf an seiner Fahne drückt. Damit signalisiert er Regelverstöße.

Eine Stoppuhr kontrolliert die Spielzeit. Mit ihr kann der Schiedsrichter auch die Spielunterbrechungen messen und so die Länge der Nachspielzeit bestimmen.

Die Pfeife ertönt bei Anstoß, Unterbrechung und Wiederaufnahme des Spiels und bei Strafstößen. Sie beendet auch jede Halbzeit.

FREISTOSSSPRAY

Bekommt ein Team einen Freistoß zugesprochen, markiert die Schiedsrichterin einen Abstand von 9,15 m zum Ball mit einem Schaumspray. Wenn der Freistoß ausgeführt wird, müssen die Verteidigerinnen hinter dieser Markierung stehen.

Assistenten

Die Schiedsrichterassistenten unterstützen die Schiedsrichterin dabei, dass die **Spielregeln** eingehalten werden. Sie laufen an der Seitenlinie auf und ab und sind für je eine Spielfeldhälfte zuständig. Die Schiedsrichterin kann ihre Entscheidungen **überstimmen**.

Die Schiedsrichterassistentin kommuniziert mit der Schiedsrichterin über ein kleines Funkgerät.

Die Assistentinnen helfen auch in Situationen, in denen die Schiedsrichterin einen Vorfall von ihrer Position aus nicht gut genug erkennen konnte.

Wird der Knopf an der Fahne gedrückt, erhält der Schiedsrichter ein Ton- oder Vibrationssignal, mit dem der Assistent auf sich aufmerksam macht.

VIDEOBEWEIS

Der Videobeweis soll Fehlentscheidungen vermeiden. Ein Videoassistent überprüft strittige Entscheidungen. Der Schiedsrichter kann sich die Szene auch selbst an einem Monitor am Spielfeldrand ansehen.

Die Schiedsrichterassistenten hießen vor 1996 Linienrichter.

Die auffällige Farbe der Fahne erregt maximale Aufmerksamkeit, wenn die Assistentin etwas signalisiert.

GUT ZU WISSEN

Von den meisten Schiedsrichtern wird das Diagonalsystem zur Spielleitung genutzt. Der Schiedsrichter (S) läuft entlang einer Diagonalen zwischen den entgegengesetzten Eckpunkten der beiden Strafräume. Jeder Schiedsrichterassistent (SA) ist für eine Spielfeldhälfte zuständig.

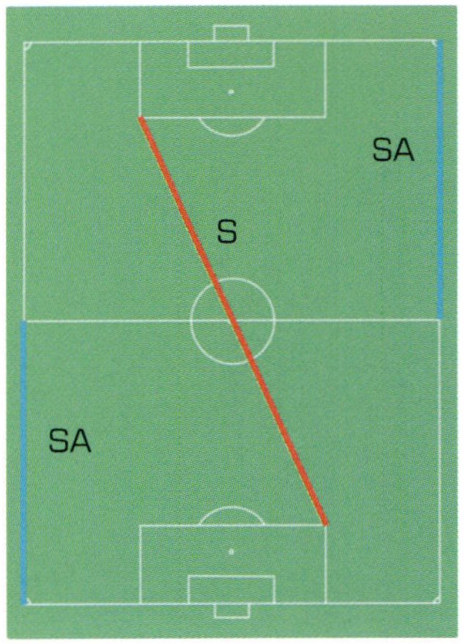

Die Assistenten signalisieren dem Schiedsrichter Vorfälle und Regelverstöße in ihrer Spielfeldhälfte mit einer Reihe von Fahnensignalen.

Auswechslung

Die mit beiden Händen über den Kopf gehaltene Fahne zeigt an, dass ein Team auswechseln will.

Abseits

Die hoch über den Kopf gehaltene Fahne signalisiert eine Abseitsposition.

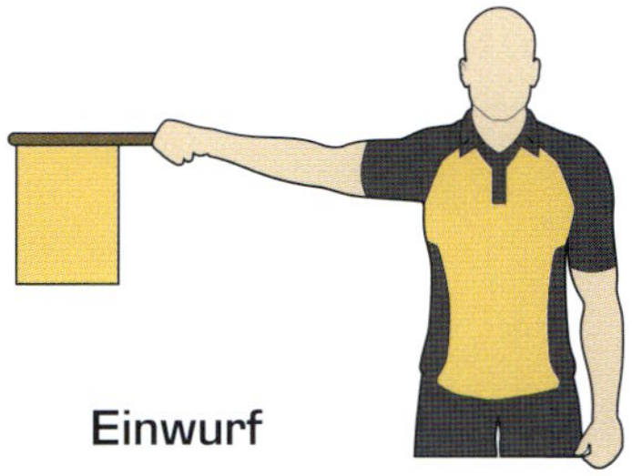

Einwurf

Die nach einer Seite gehaltene Fahne zeigt in die Spielrichtung des Teams, das einen Einwurf bekommt.

1 Ankunft der Teams
Bis zu 3 Stunden vor dem Anstoß begeben sich die Spielenden zum Stadion. Beide Teams treffen mit ihren Mannschaftsbussen ein.

2 Teamvorstellung
Beide Trainer geben ihre Startaufstellung bekannt. An die Presse geht sie aber oft erst etwa 45 Minuten vor dem Anpfiff.

3 Konzentration
Die Spielenden bereiten sich mental vor. Jede und jeder hat eigene Rituale, um bis zum Anstoß entspannt und fokussiert zu bleiben.

2012 schoss Vuk Bakic von GSP Polet direkt aus einem Anstoß ein Tor in der Serbischen Liga.

Vor dem **Anstoß**

Vor dem **Anstoß** bereiten sich die Spielenden bis zu 2 Stunden auf die **körperlichen** und **mentalen** Anstrengungen des anstehenden Spiels vor.

4 Aufwärmen
Die Spielenden wärmen durch einfache Übungen wichtige Muskelgruppen auf.

5 Motivation
Das Team motiviert sich in der Kabine bei einer letzten Ansprache. Der Schiedsrichter lässt die Teams 5 Minuten vor Anstoß im Tunnel antreten.

6 Begrüßung
Beide Teams kommen aufs Spielfeld und geben sich die Hand. Dann nehmen die Spielenden ihre Positionen ein.

7 Anstoß
Ein Münzwurf entscheidet, welches Team im Mittelkreis anstößt. Der Schiedsrichter pfeift und das Spiel beginnt.

Abseitsregel

Ein Spieler ist **im Abseits**, wenn er im Augenblick des Zuspiels der **gegnerischen Torlinie näher ist als der Ball** und der **vorletzte Abwehrspieler**. Die Regel soll verhindern, dass Angreifer immer nur in Tornähe auf den Ball warten.

Dieser Spieler steht zwar im Abseits, nimmt aber nicht aktiv am Spiel teil und begeht daher keinen Regelverstoß.

In dieser Spielszene hat der Angreifer den Ball einem Mitspieler (B) im Abseits zugespielt. Das Spiel wird unterbrochen und der Schiedsrichter gibt den Verteidigern einen indirekten Freistoß.

Erhält ein Spieler den Ball nach einem Eckstoß, Einwurf oder Abschlag, so ist er nicht abseits.

AKTIV IM SPIEL

Die Abseitsregel gilt nur, wenn ein Angreifer den Ball in der gegnerischen Hälfte zugespielt bekommt. Außerdem muss der Spieler aktiv ins Spiel eingreifen oder durch seine Position einen Vorteil erlangt haben.

Spieler A ist nicht abseits, da er auf gleicher Höhe mit dem vorletzten Abwehrspieler steht.

2. Spieler B steht im Abseits. Er befindet sich im Augenblick des Zuspiels dem gegnerischen Tor näher als der vorletzte Abwehrspieler und greift aktiv ins Spielgeschehen ein.

3. Der Schiedsrichter-assistent steht auf gleicher Höhe wie der vorletzte Abwehrspieler. Mit der Fahne zeigt er eine Abseitsstellung an.

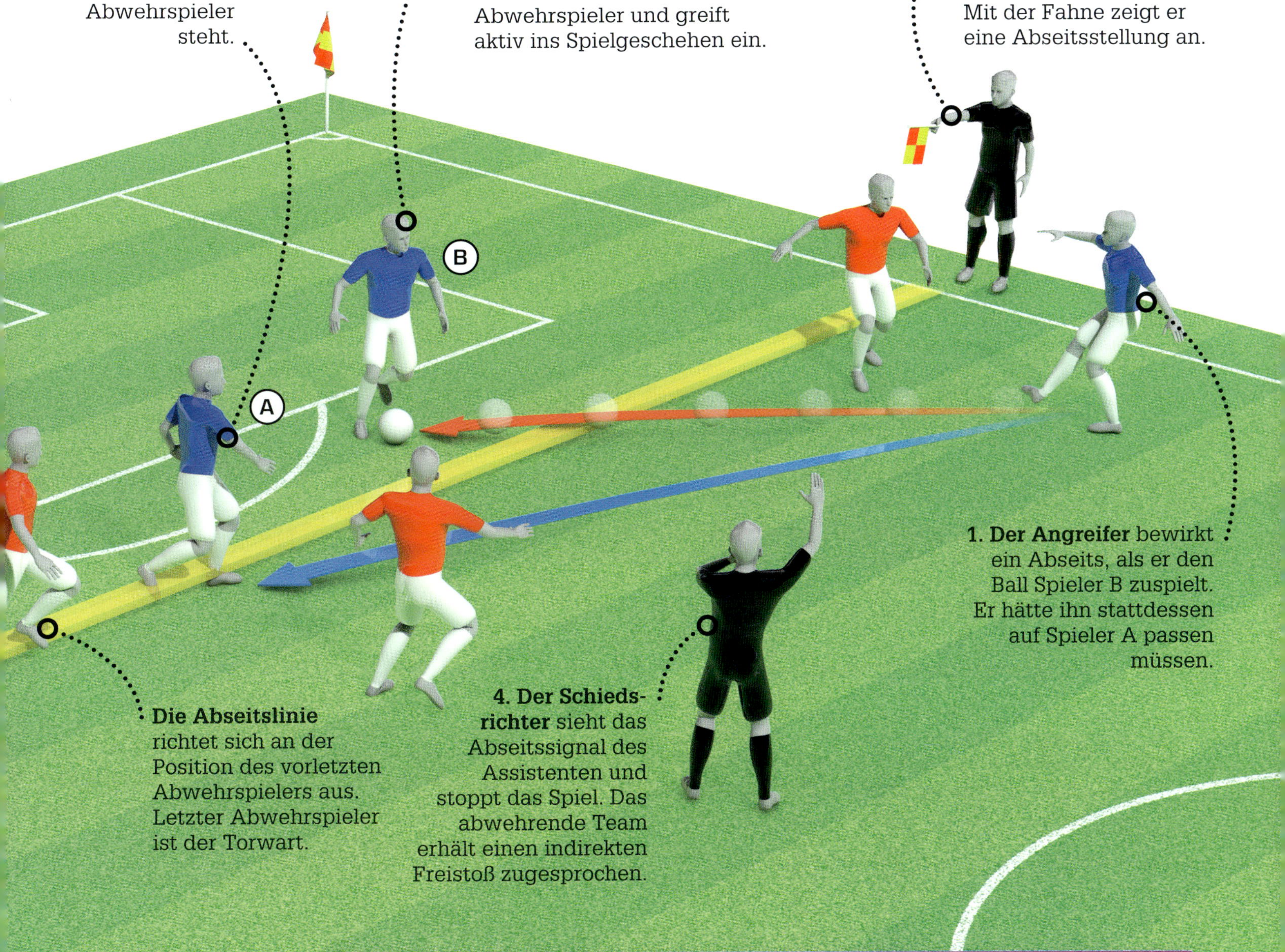

1. Der Angreifer bewirkt ein Abseits, als er den Ball Spieler B zuspielt. Er hätte ihn stattdessen auf Spieler A passen müssen.

Die Abseitslinie richtet sich an der Position des vorletzten Abwehrspielers aus. Letzter Abwehrspieler ist der Torwart.

4. Der Schieds-richter sieht das Abseitssignal des Assistenten und stoppt das Spiel. Das abwehrende Team erhält einen indirekten Freistoß zugesprochen.

GUT ZU WISSEN

Ursprünglich zwang die Abseitsregel Angreifer, vor drei Abwehrspielern zu bleiben. Sie wurde 1925 auf zwei Abwehrspieler geändert und führte in der nächsten Spielzeit dazu, dass in den englischen Ligen 36 % mehr Tore erzielt wurden.

Was ist ein **Foul?**

Nach den Regeln muss Fußball **fair** und **sicher** gespielt werden. Der **Schiedsrichter** pfeift ein **Foul**, wenn ein Spieler **unfair** spielt, und gibt dem Gegner einen **Freistoß** – oder einen **Strafstoß**, wenn das Foul im eigenen Strafraum begangen wurde.

GUT ZU WISSEN

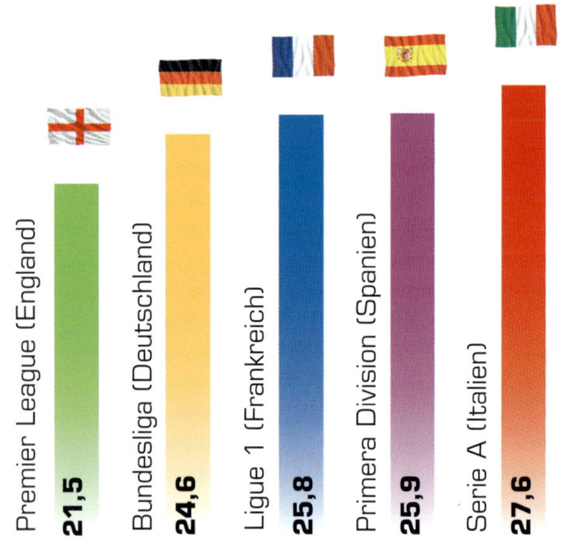

In Europas besten fünf Ligen werden pro Spiel zwischen 21 und 27 Fouls begangen – die wenigsten in der englischen Premier League. Vielleicht sind die Schiedsrichter dort nachsichtiger.

HÄUFIGE FOULS

Es gibt viele verschiedene Fouls. Diese hier kommen am häufigsten vor:

Handspiel
Absichtliches Spielen des Balls mit der Hand oder dem Oberarm.

Sperren ohne Ball
Blockieren eines Gegners, ohne zu versuchen, den Ball zu spielen.

Beinstellen
Einem Gegner absichtlich ein Bein stellen.

Halten des Gegners
Einen Gegner am Trikot ziehen, um ihn zu bremsen.

Gefährliches Spiel
Rücksichtsloses Spiel mit „hohem Bein“ gefährdet den Gegner.

Der gefoulte Spieler stürzt nach einem rücksichtslosen Tackling.

Der Verteidiger grätscht und trifft den Gegner, bevor er den Ball berührt.

Jedes Tackling, das die Sicherheit des Gegners gefährdet, ist ein schweres Foul. Dazu zählt auch ein Grätschen mit offener Sohle.

Bei der WM 2014 beging Brasilien im Spiel gegen Kolumbien 31 Fouls.

Freistöße

Ein Team bekommt einen **Freistoß**, wenn das gegnerische Team ein **Foul** außerhalb des eigenen Strafraums begeht. Der Freistoß wird von der **Stelle** ausgeführt, wo das Foul begangen wurde – eine **gute Chance** in der Nähe des gegnerischen Tors.

Schießt ein Team einen Freistoß ins eigene Tor, bekommt der Gegner einen Eckstoß.

Der Torwart deckt die weiter vom Ball entfernte Ecke ab.

Bei diesem direkten Freistoß schießt der Spieler aufs Tor. Er entscheidet, wohin er schießt und ob er den Ball lupft, ihm Effet verleiht oder ihn flach durch die Mauer hindurch zirkelt.

DIREKTER UND INDIREKTER FREISTOSS

Zeichen für einen direkten Freistoß

Zeichen für einen indirekten Freistoß

Es gibt direkte und indirekte Freistöße. Der Schiedsrichter gibt bei einem Foul einen direkten Freistoß, ein indirekter Freistoß folgt auf einen technischen Regelverstoß. Direkte Freistöße dürfen direkt ins Tor geschossen werden, ein indirekter Freistoß muss zuvor erst von einem Mitspieler berührt werden.

FREISTOSS-VARIANTEN

Effetball
Der Schütze streift beim Schuss den Ball seitlich und verleiht ihm Drall, sodass der Ball um die Abwehrmauer herum fliegen kann.

Bogenlampe
Eine Technik, bei der der Ball über die Mauer hinweg gespielt wird. Wenn alles klappt, senkt sich der Ball am Ende seines Flugs ins Tor.

Durch die Mauer
Der Spieler schießt den Ball tief und scharf durch Lücken in der Mauer, weil Spieler sich vielleicht weg-ducken oder hochspringen, um den Ball zu klären.

Die Abwehrmauer wird von mehreren Spielenden gebildet, die sich in einer Reihe vor dem Tor aufstellen. Sie müssen mindestens 9,15 m vom Ball entfernt stehen.

Den Freistoß tritt meist ein Spezialist, der den Ball scharf schießen und sehr genau platzieren kann.

Die linke obere Torecke ist für gewöhnlich das Ziel der Spielenden, die mit dem rechten Fuß schießen.

Alle Schüsse in den roten Bereich liegen in Reichweite des Torwarts und werden mit großer Wahrscheinlichkeit gehalten, wenn er zur richtigen Seite hechtet.

IM ELFMETERSCHIESSEN

Das Finale der WM 1994 war das erste, das durch Elfmeterschießen entschieden wurde. Brasilien gewann, weil Italiens Roberto Baggio den entscheidenden Elfmeter verschoss.

Statistisch gesehen springt ein Torwart zu 70 % in die richtige Torecke.

Im orangefarbenen Bereich kann der Torwart den Ball noch erreichen, z. B. wenn er schwach geschossen ist.

In die oberen Ecken platzierte Strafstöße sind auch von Weltklassetorhütern nicht zu halten. Das Risiko eines Fehlschusses ist aber deutlich höher.

2005 endete ein Elfmeterschießen im Pokalwettbewerb Namibias 17:16.

Die Entscheidung, in welchen Bereich des Tors man einen Strafstoß schießt, hängt von verschiedenen Faktoren ab. Ist man Rechts- oder Linksfüßer? Ist die Torhüterin Rechts- oder Linkshänderin? Welches Risiko möchte man eingehen?

Elfmeter schießen

Der **Strafstoß** ist einer der dramatischsten Momente eines Fußballspiels. Ein **einziger Schuss** vom **Elfmeterpunkt** kann entscheiden, ob ein Team das Spiel gewinnt oder verliert.

Eckstöße

Ein Team bekommt einen **Eckstoß**, wenn der Ball **die Torauslinie überquert** hat und vorher zuletzt von der verteidigenden Mannschaft berührt wurde. Beim Eckstoß kann der Ball in eine **gute Angriffsposition** gespielt werden.

Bei der Ausführung einer Ecke kann der Ball überallhin aufs Feld geschossen werden. Meist entscheidet sich der Schütze aber für den langen oder kurzen Pfosten, den Elfmeterpunkt oder den nächsten Mitspieler, um die beste Torchance zu ermöglichen.

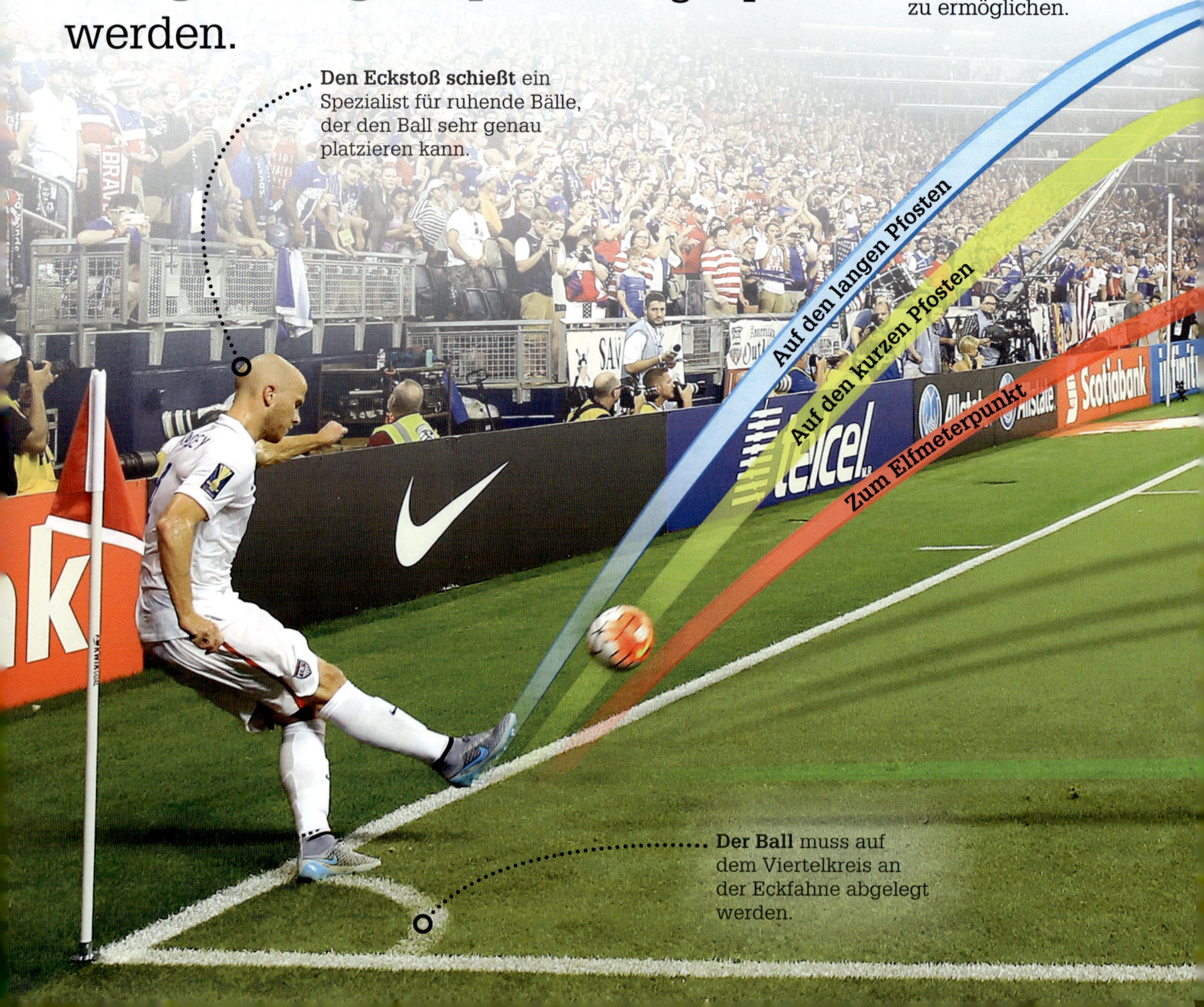

Den Eckstoß schießt ein Spezialist für ruhende Bälle, der den Ball sehr genau platzieren kann.

Der Ball muss auf dem Viertelkreis an der Eckfahne abgelegt werden.

GUT ZU WISSEN

In der englischen Premier League wurden in der Spielzeit 2022–2023 15,8% der Tore durch Eckstöße erzielt. Das war die höchste je gemessene Erfolgsrate in der Geschichte der Premier League.

ERZIELTE TORE

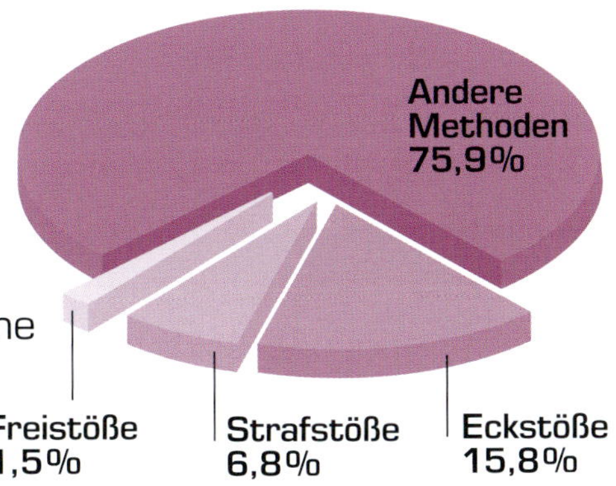

ECKSTOSS-ARTEN

Ecke auf den langen Pfosten
Der Ball wird zu Mitspielern gespielt, die im Bereich des Torpfostens postiert sind, der weiter vom Ausführenden entfernt ist.

Ecke auf den kurzen Pfosten
Der Ball wird zu einem Mitspieler am näheren Torpfosten gespielt. Der leitet ihn mit dem Kopf zu einem einschussbereiten Mitspieler weiter.

Ecke zum Elfmeterpunkt
Der Ball wird zu Mitspielern im Elfmeterbereich gespielt. Der Torhüter muss sich entscheiden, ob er aus dem Tor kommt oder nicht.

Kurze Ecke
Der Ball wird dem nächsten Mitspieler zugepasst, der ihn aus einem besseren Winkel in den Elfmeterbereich flanken kann.

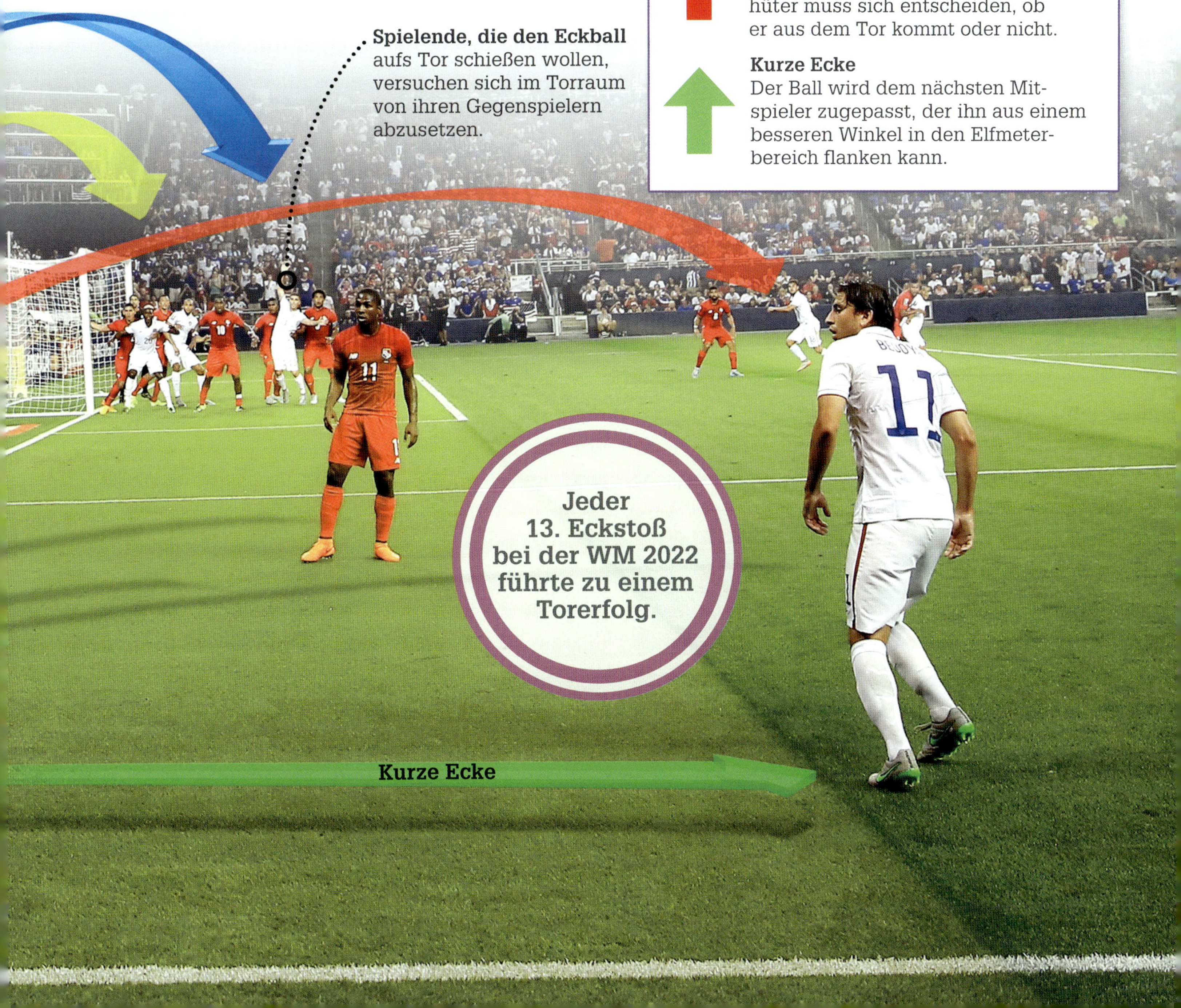

Spielende, die den Eckball aufs Tor schießen wollen, versuchen sich im Torraum von ihren Gegenspielern abzusetzen.

Jeder 13. Eckstoß bei der WM 2022 führte zu einem Torerfolg.

Gelbe und rote Karte

Begeht ein Spieler ein **schweres Foul**, zeigt ihm der Schiedsrichter eine Karte. Die **gelbe Karte** gilt als letzte Warnung – bei der **roten Karte** muss der Spieler den Platz verlassen.

Der Schiedsrichter Ken Aston erfand nach der WM 1966 das Kartensystem.

Der Schiedsrichter hat einem Übeltäter die rote Karte gezeigt und schickt ihn sofort vom Spielfeld. Er muss sich in die Kabine begeben.

Die rote und die gelbe Karte stecken oft in verschiedenen Taschen, damit der Schiedsrichter im Eifer des Gefechts nicht die falsche zieht.

NOTIZBUCH DES SCHIEDSRICHTERS

Der Schiedsrichter hält in seinem Notizbuch wichtige Fakten und Vorfälle eines Spiels fest: Zeitpunkt der Tore, Auswechslungsdetails und die Namen von Spielern, die eine gelbe oder rote Karte bekommen haben.

Der vom Platz gestellte Spieler darf nicht ersetzt werden. Das Team muss mit einem Spieler weniger auskommen.

GUT ZU WISSEN

Ein Spieler bekommt die gelbe Karte für die rechts aufgeführten Verstöße. Die rote Karte wird für schwere Vergehen wie die unten genannten verhängt.

Gelbe Karte

- Grobes Tackling
- Reklamieren beim Schiedsrichter
- Halten des Gegners
- Behindern des Torwarts
- Spielverzögerung
- Nicht-Einhaltung vorgeschriebener Abstände
- Absichtliches Handspiel
- Unsportliches Verhalten

Rote Karte

- Grobes Foulspiel
- Tätlichkeit
- Anstößige Äußerungen
- Anspucken eines Gegenspielers
- Vereiteln einer offensichtlichen Torchance des Gegners durch absichtliches Foulspiel
- Zweite gelbe Karte (Gelb-Rote Karte)

Torlinien-technik

Die Torlinientechnik ist ein 2012 eingeführtes **computergestütztes System**, das dem Schiedsrichter in umstrittenen Situationen hilft zu erkennen, ob der Ball **die Torlinie überquert** hat.

SO FUNKTIONIERT DIE TECHNIK:

1. Sieben um jedes Tor angebrachte Hochgeschwindigkeitskameras verfolgen die Bewegung des Balls im Torraum.
2. Die Kameras senden die Daten an einen Computer, der analysiert, ob der Ball die Torlinie überquert hat.

Die Torlinientechnik übermittelt das Ergebnis der Computeranalyse der Schiedsrichterin binnen nur 1 Sekunde, sodass das Spiel nicht verzögert wird.

FOLGENREICHE IRRTÜMER

Nach einigen Fehlentscheidungen bei der WM 2010 – wie etwa dieses nicht gegebene Tor der Engländer beim 4:1-Sieg von Deutschland – beschloss die FIFA die Einführung der Torlinientechnik.

Das System übermittelt die Informationen nur dem Schiedsrichter-gespann.

GUT ZU WISSEN

Ein Tor wird gegeben, wenn festgestellt wird, dass der Ball die Torlinie mit vollem Umfang überquert hat. Die Torlinien-technik arbeitet bis auf eine Fehlerspanne von 3 mm exakt.

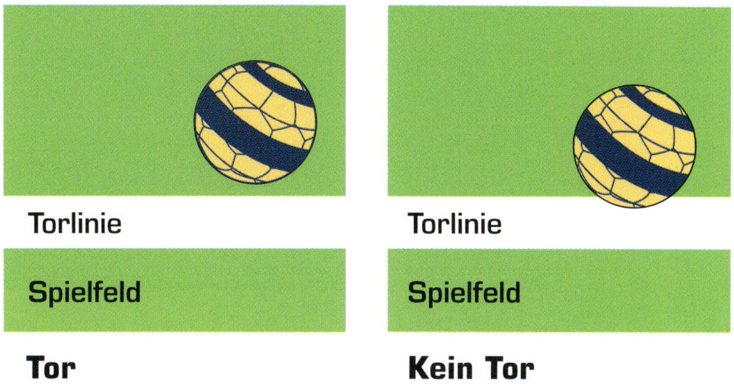

Tracking-System

Das Gerät ist etwa 10 cm lang und liefert jede Sekunde um die 1000 Daten.

Spieler-**Tracking**

Viele Spielende tragen unter dem Trikot ein **Tracking-Gerät**. Dessen Sensoren liefern **wichtige Daten** über ihr **Leistungsvermögen**.

Analyse

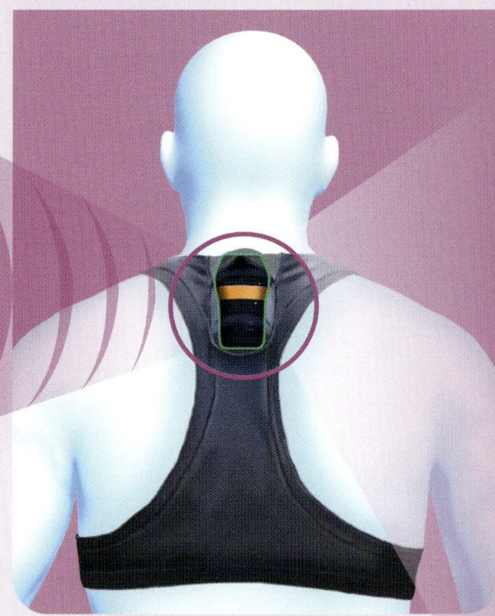

Das Tracking-Gerät sitzt zwischen den Schultern. Es sammelt riesige Datenmengen, die während des Spiels und danach analysiert werden können.

PRÄZISES PASS-SCHEMA

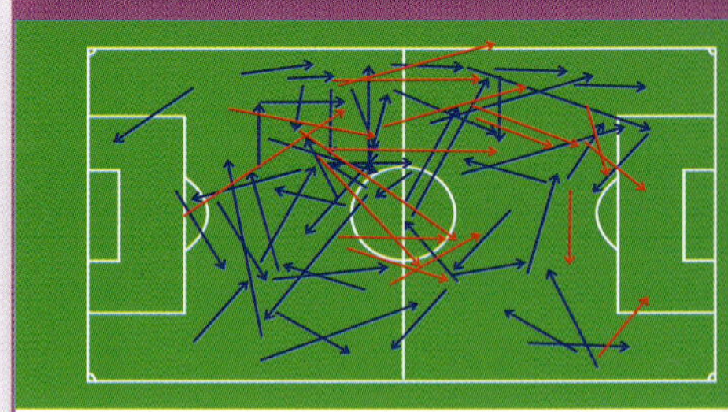

Kameras zeichnen jeden Pass einer Spielerin auf. Blaue Pfeile stehen für angekommene Pässe, rote Pfeile für Fehlpässe.

Datenvielfalt

Puls
Ein Programm analysiert den Puls der Spielerin. Anhand dieser Daten lässt sich sagen, wann sie ermüdet.

Zahl der Sprints
Die Zahl der Sprints einer Spielerin wird aufgezeichnet. Wird sie kleiner, signalisiert das Müdigkeit oder eine Verletzung.

Meter pro Minute
Das Protokoll der Strecke, die eine Spielerin pro Minute zurücklegt, verrät ihre Fitness oder Ausdauer.

Gesamtstrecke
Das Gerät hält auch die Gesamtstrecke fest, die eine Spielerin im Spiel zurückgelegt hat.

Sprints
Das Gerät hält die Gesamtstrecke fest, die eine Spielerin im Spiel gesprintet ist. Je höher die Zahl, desto fitter ist sie.

Schneller Antritt
Gemessen wird auch, wie oft und wie schnell eine Spielerin beschleunigt und welche Strecke sie dabei insgesamt zurücklegt.

Dynamische Stressbelastung
Aus allen Bewegungen der Spielerin errechnet das Gerät, wie hart sie während des Spiels gearbeitet hat.

Verlangsamung
Die Gesamtzahl der Situationen, in denen eine Spielerin abbremst, wird ebenso festgehalten wie die dabei zurückgelegte Strecke auf dem Feld.

Nach-spielzeit

Gerardo Bedoya

hat mehr rote Karten bekommen als jeder andere Spieler im Profifußball. Der Mittelfeldspieler, der 49 Mal für Kolumbien spielte, erhielt zwischen 1995 und 2015 46 rote Karten.

Die meisten roten Karten bei WM-Spielen:

Brasilien – 11

Argentinien – 10

Uruguay – 9

Kamerun – 8

Italien – 8

Die erste **rote Karte** in einem WM-Spiel wurde im Jahr **1974** gezückt.

Den Rekord für den schnellsten Platzverweis hält Bolognas **Giuseppe Lorenzo**. 1990 erhielt er in einem Spiel der italienischen Serie A gegen Parma nach nur 10 Sekunden wegen Tretens eines Gegners die rote Karte.

Trikotverkäufe

Manchester United verkauft pro Jahr mehr Trikots als jeder andere Verein im Weltfußball.

Katie McCabe, **die Kapitänin des irischen Teams,** ist die einzige Spielerin, die je in einem Endspiel einer FIFA *Weltmeisterschaft der Frauen* **direkt einen Eckstoß in einen Torschuss verwandelte.** Dies gelang ihr im Jahr **2023** in Australien gegen Kanada.

Die meisten **Elfmeter** in der Geschichte der Bundesliga hat Manfred Kaltz vom Hamburger SV verwandelt. Insgesamt schoss er 60 Mal vom Elfmeterpunkt, **53 Mal** konnte der Abwehrspieler den Ball im Netz versenken.

An feuchten, regnerischen Tagen konnten alte Lederfußbälle oft ihr Gewicht **verdoppeln**. Am Ende eines Spiels wog der Ball bis zu **1 kg**.

Trikot-Sponsoring

Trikot-Sponsoring ist eine der Haupteinnahmequellen für Vereine, aber die dadurch erzielten Gelder sind von Liga zu Liga unterschiedlich. Derzeit führt die Premier League.

Technische Fertigkeiten

Fußball ist ein schnelles Spiel, bei dem die Spielenden verschiedene Techniken beherrschen müssen, um den Ball zu kontrollieren. Dazu zählen Passen, Schießen, Grätschen, Köpfen und Dribbeln. Um all diese Fertigkeiten im Spiel automatisch anzuwenden, üben die Spielerinnen und Spieler sie regelmäßig im Training.

Ballannahme

Spielende, denen der Ball zugespielt wird, müssen ihn sofort sicher **annehmen** können und unter Kontrolle bringen. Je rascher ihnen dies gelingt, desto mehr **Zeit und Raum** haben sie für den nächsten Spielzug.

1. Mit der Brust annehmen
Lehne den Oberkörper zurück und federe den Ball mit der Brust ab, um ihm die Wucht zu nehmen.

2. Gleichgewicht
Halte mit den Armen das Gleichgewicht. Gleichzeitig schirmst du so auch den Ball vom Gegner ab.

3. Ballposition
Fällt der Ball vor dir auf den Boden, passt du ihn weiter oder dribbelst mit ihm los.

Der erste Kontakt mit dem Ball entscheidet, wie rasch ein Spieler ihn unter Kontrolle bringt. Die besten Spielerinnen und Spieler passen ihn oft sogar nur mit einer einzigen Berührung weiter.

Fußball-Profis haben durchschnittlich zwei Kontakte pro Ballbesitz.

TECHNIKTRAINING

Hast du nicht viel Platz, nimmst du den Ball in Schienbeinhöhe mit dem Spann an. Dann kannst du ihn passen oder ein Dribbling starten.

Beobachte die Flugbahn des Balls sorgfältig.

Der Fuß nimmt den Ball entspannt an.

Passen

Passen ist die **effizienteste Art**, den Ball Richtung Tor des Gegners zu spielen. Geschickten Spielenden gelingen genaue Pässe flach über den **Rasen**, hoch durch die **Luft** und über **verschiedenste Entfernungen**.

Der Kurzpass ist der präziseste Pass. Dabei wird der Ball einem Mitspieler in der Nähe zugespielt.

Der passende Spieler schießt den Ball mit der Fußinnenseite für einen Kurzpass, mit dem Vollspann für einen langen Pass und mit dem Außenspann für einen weiten Pass mit gekrümmter Flugbahn.

TECHNIKTRAINING

Der Kurzpass ist ein kontrollierter Pass mit der Fußinnenseite. Bei dieser Art des Passens wird der Ball einer Mitspielerin oder einem Mitspieler flach und mit nicht zu hoher Geschwindigkeit zugespielt.

1. Dein Standbein zeigt in die Richtung, in die du den Ball passen willst. Triff den Ball mit der Innenseite!

Das Fußgelenk bleibt beim Treffen des Balls fest.

2. Schätze ab, wie weit du mit dem Spielbein ausholen musst, damit der Ball genug Tempo bekommt, um den Mitspieler zu erreichen.

Das Spielbein wird durchgeschwungen.

Der Spieler, der den Pass spielt, muss Geschwindigkeit und Richtung des Balls kontrollieren können, damit dieser den Mitspieler erreicht und nicht von einem Gegenspieler abgefangen wird.

Der lange Ball wird über eine große Entfernung Richtung gegnerisches Tor geschossen in der Hoffnung, dass der Ball einen Mitspieler erreicht und dieser einen Angriff starten kann.

Der weite Diagonalpass wird meist aus der eigenen Spielfeldhälfte schräg nach vorn zu einem Mitspieler nahe der Seitenlinie geschlagen.

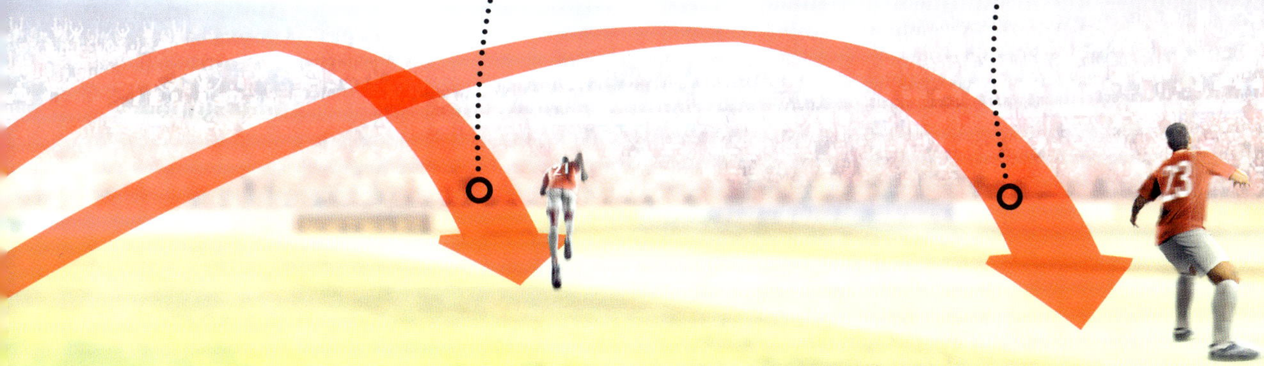

Als „langen Ball“ bezeichnet man einen Pass, der weiter als 30 m ist.

TIKITAKA

Tikitaka ist eine Spielweise, bei der ein Team mit hohem Tempo über kurze Entfernungen hin und her passt, ohne dass der Gegner in Ballbesitz gelangt. Sie wurde 2006 von dem spanischen Verein FC Barcelona eingeführt. Mit diesem Kurzpassspiel gewann der Verein 2009, 2011 und 2015 die Champions League.

Dribbling

Die Technik, mit dem Ball am Fuß in engen Räumen am Gegner vorbeizulaufen, heißt **Dribbling**. Gute Dribbler haben **flinke Füße**, halten problemlos das **Gleichgewicht** und erarbeiten viele Torchancen.

Die besten Dribbler halten den Ball eng am Fuß. Sie treiben die Kugel mit der Innen- und Außenseite des Fußes vorwärts, während sie sich am Gegner vorbeimogeln.

Lionel Messi gelangen 2022/2023 in 90 Minuten durchschnittlich 4,65 Dribblings.

DRIBBELGENIE

Im Viertelfinalspiel der WM 1986 gegen England dribbelte Argentiniens Stürmerstar Diego Maradona an fünf englischen Spielern vorbei und erzielte eines der eindrucksvollsten Tore in der WM-Geschichte.

1. Blick nach vorn
Beurteile die Situation vor dir, wenn du mit dem Ball vorwärtsläufst.

2. Antäuschen
Senke die Schulter, als würdest du in diese Richtung laufen, spiele den Ball aber in die entgegengesetzte.

3. Am Gegner vorbei
Spiele den Ball mit dem Außenspann vom Gegner weg. Halte ihn dabei eng am Fuß.

TECHNIKTRAINING

Der Übersteiger ist ein Trick, um den Gegner glauben zu lassen, du würdest passen, während du tatsächlich an ihm vorbeidribbelst.

1. Führe den Fuß zum Ball, als würdest du ihn mit dem Außenspann passen wollen.

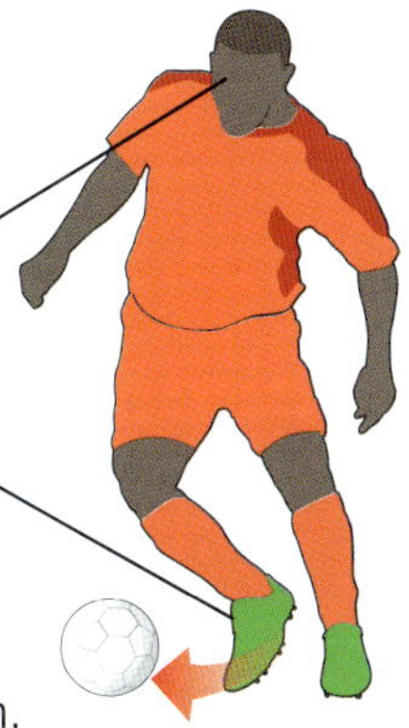

2. Statt zu passen, umkreist du mit dem Fuß den Ball und dribbelst in die andere Richtung.

Schießen

Willst du **Torjägerin oder Torjäger** des Teams sein, benötigst du eine **präzise Schusstechnik**. Es gibt viele Schussarten, doch die spektakulärste ist der **Vollspannstoß**. Damit kann man **hart** und **schnell** schießen, und die Chance, den Torwart zu überwinden, ist groß.

1. Auf den Ball schauen Fixiere den Bereich des Balls, den du treffen willst.

2. Körperhaltung Bleibe mit dem Oberkörper beim Schießen über dem Ball, wenn du ihn flach halten willst.

Etwa 3 von 20 Schüssen aufs Tor ergeben einen Treffer.

Beim Vollspannschuss versuchst du am Torwart vorbeizuschießen. Am schwersten zu erreichen sind für den Torwart die vier Torecken.

TECHNIKTRAINING

Damit der Ball in der Luft eine Kurve beschreibt, musst du ihn so treffen, wie es die Abbildungen unten zeigen.

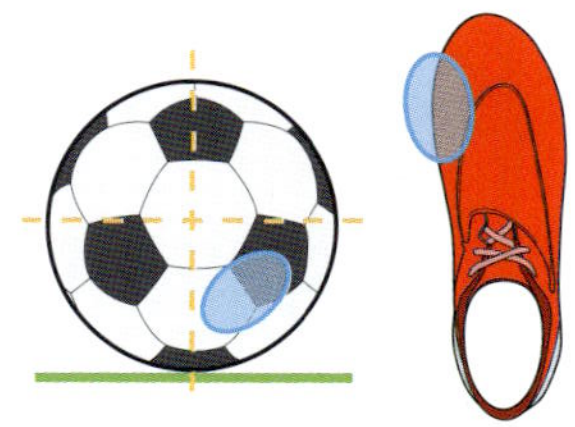

Effetball nach links
Als Rechtsfüßer muss man die rechte Ballseite mit dem Innenspann streifen.

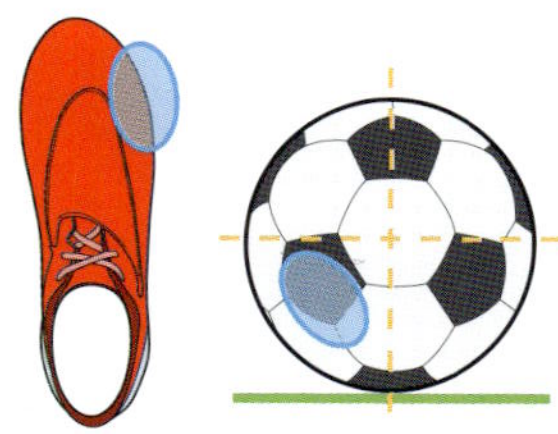

Effetball nach rechts
Als Rechtsfüßer muss man die linke Ballseite mit dem Außenspann streifen.

TORMASCHINE

Brasiliens Legende Pelé zählt zu den besten Torschützen aller Zeiten. In seiner glanzvollen Karriere (1955–1977) erzielte er in 1363 Spielen fantastische 1281 Tore.

Volley

Beim Volleyschuss wird der Ball **in der Luft** getroffen. Es ist der Höhepunkt jedes Fußballspiels, wenn eine Spielerin oder ein Spieler den Ball mit einem Volley im **Netz versenkt**.

WEITESTER VOLLEY

Bei einem Bundesligaspiel 2014 schoss Moritz Stoppelkamp vom SC Paderborn den Ball mit einem Volley über 82 m ins leere Tor – das weiteste Volleytor aller Zeiten!

1. Den Ball im Blick
Kontrollierte Volleyschüsse gelingen nur, wenn du den Ball im Blick hast. Die Arme halten das Gleichgewicht.

2. Hüftbewegung
Eine schnelle Hüftdrehung verschafft dir den erforderlichen Schwung.

Wird der Ball im Aufspringen getroffen, spricht man von einem Halbvolley.

Bei einem Scherenschlag wird der Ball volley in Hüfthöhe getroffen. Beobachte den Flug des Balls, um im richtigen Moment abzuspringen. Nun liegst du schräg in der Luft, deine Beinbewegung gleicht dem Öffnen einer Schere. Dann trifft dein Schussbein den Ball mit voller Wucht.

TECHNIKTRAINING

Der Fallrückzieher ist ein Überkopfvolley, bei dem du den Ball mit dem Rücken zum Tor triffst.

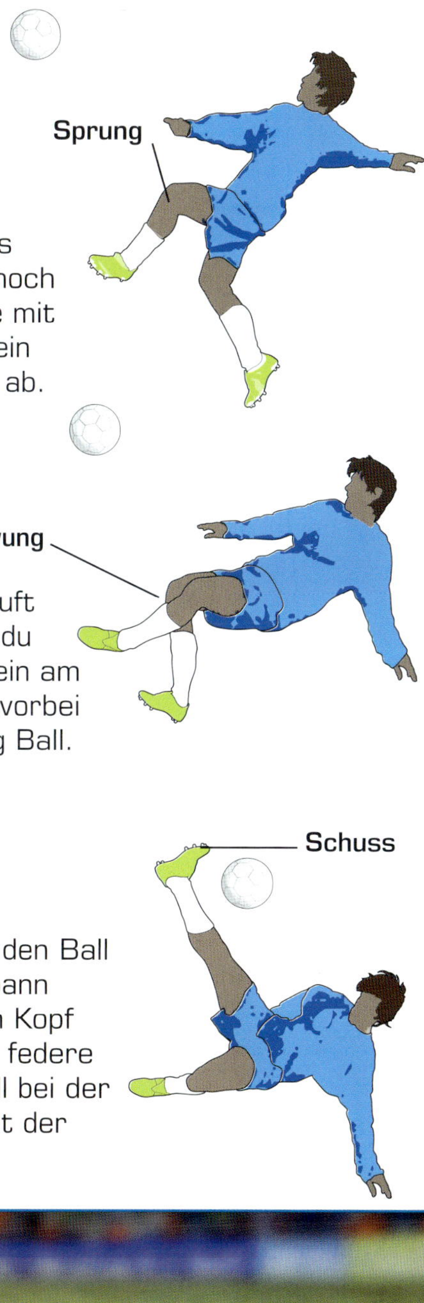

1. Hebe das Standbein hoch und springe mit dem Spielbein vom Boden ab.

2. In der Luft schwingst du das Spielbein am Standbein vorbei in Richtung Ball.

3. Schieße den Ball mit dem Spann über deinen Kopf hinweg und federe den Aufprall bei der Landung mit der Hand ab.

Kopfball

Der Kopfball ist eine wichtige Technik für **Angreiferinnen** und **Verteidiger**. Wer den Kopfball geschickt beherrscht, **erzielt mehr Tore**, verteidigt besser und kommt öfter in **Ballbesitz**.

Riesensprung
Springe im richtigen Moment hoch, um vor den Gegnern den Ball zu treffen.

KOPFBALLKÖNIG

Bei der WM 2002 erzielte der deutsche Stürmer Miroslav Klose insgesamt 5 Tore – alle per Kopfball.

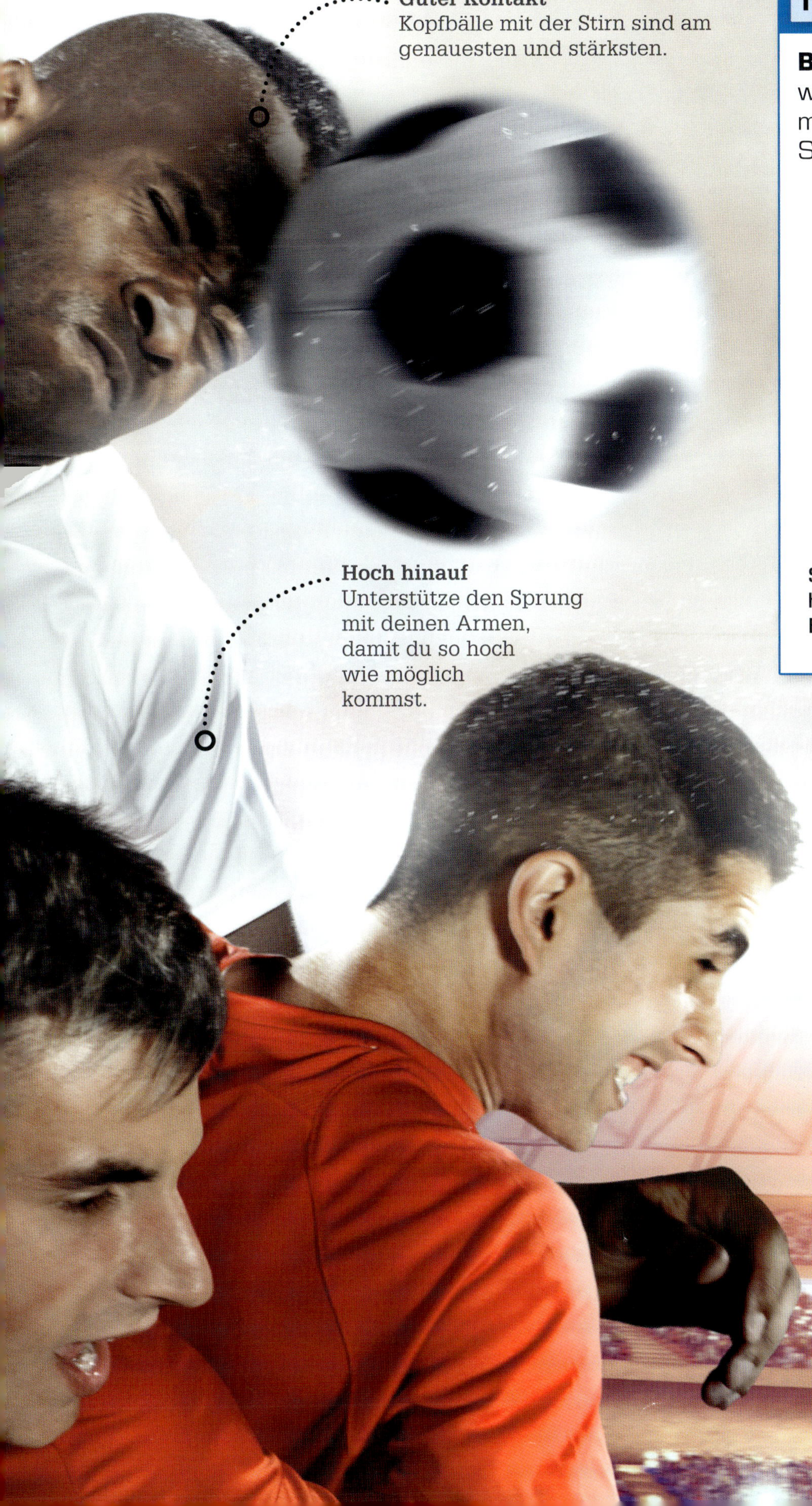

Guter Kontakt
Kopfbälle mit der Stirn sind am genauesten und stärksten.

Hoch hinauf
Unterstütze den Sprung mit deinen Armen, damit du so hoch wie möglich kommst.

TECHNIKTRAINING

Bei der Kopfballabwehr wird der Ball so weit wie möglich von der angreifenden Spielerin weggeköpft.

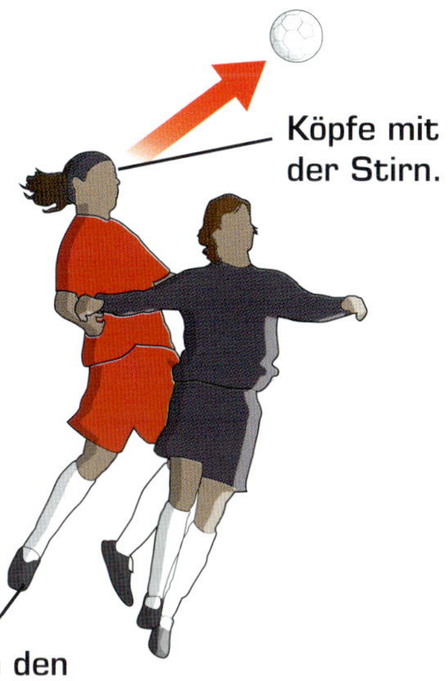

Für einen kräftigen Kopfball springt die Spielerin oder der Spieler hoch und schnellt mit dem Kopf nach vorn, um den Ball möglichst mit der Stirn zu treffen.

Manche Spielende springen bis zu 2,5 m hoch, um den Ball zu köpfen.

GUT ZU WISSEN

Diese Tabelle zeigt die Häufigkeit verschiedener Techniken, mit denen eine Verteidigerin im Spiel der Gegnerin den Ball wegzunehmen versucht.

Tackling	3
Kopfabwehr	1
Pressing	1
Blockieren eines Schusses oder Passes	19
Klären von langen Bällen	1

Das Gleittackling wird nur in höchster Not eingesetzt, da der Verteidiger danach auf dem Boden liegt. Geht das Tackling schief, kann der Angreifer von ihm nicht mehr gestoppt werden. Bei einem ungenauen Tackling besteht auch die Gefahr, dass der Angreifer gefoult oder gar verletzt wird.

TECHNIKTRAINING

Das Grundtackling ist die häufigste Art des Tacklings. Dabei läufst du direkt auf den Angreifer zu und blockierst den Ball, sobald der Angreifer schießen oder passen will.

1. Stelle dich vor den Gegner, um ihm den Weg zu verbauen.

2. Blockiere den Ball mit der Fußinnenseite und steifem Fußgelenk.

Tackling

Mit einem **Tackling** wird der Gegenspieler **vom Ball getrennt**. Der Verteidiger oder die Verteidigerin muss den Ball auf **faire Weise** klären, ohne die andere Person zu foulen oder zu verletzen.

Nach-spielzeit

Der belgische Torwart **Kristof Van Hout** ist mit **2,08 m** der größte Profifußballer aller Zeiten – der brasilianische Mittelfeldspieler **Elton Gomes** mit **1,54 m** der kleinste.

In den fünf europäischen Topligen beträgt die **Genauigkeit beim Passen** im Schnitt **79 %** pro Spiel. Hier die verschiedenen Prozentsätze für jede dieser Ligen:

- **FRANKREICH** – Ligue 1 – **80,8 %**
- **ITALIEN** – Serie A – **79,4 %**
- **ENGLAND** – Premier League – **79,3 %**
- **SPANIEN** – Primera División – **79 %**
- **DEUTSCHLAND** – Bundesliga – **76,6 %**

Der weiteste Schuss ins Tor gelang dem Torwart **Thomas King** für den britischen Verein Newport County in 2021. Offiziell betrug Kings Schuss **96,01 m**.

In der Weltspitze werden 62 % aller Tore aus dem Spiel heraus erzielt. **Freistöße** und **Eckstöße** haben einen Anteil von 30 %, **Elfmeter** von 8 %.

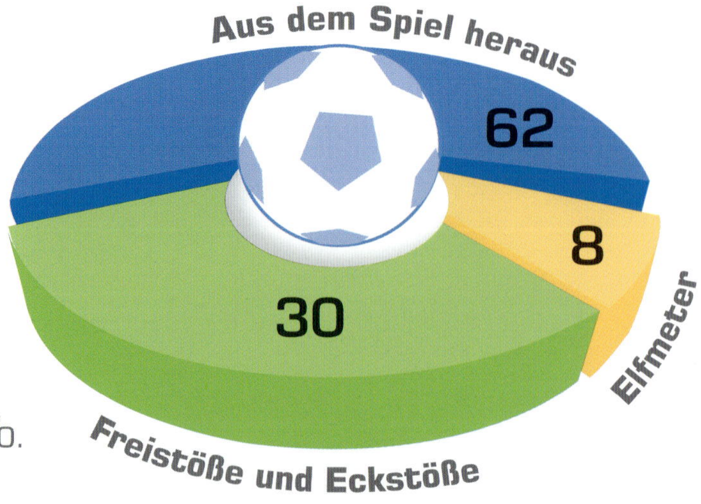

Ein Tor in jeder Minute!

Die Stürmerstars **Cristiano Ronaldo**, **Luis Suarez** und **Zlatan Ibrahimović** erzielten in jeder der 90 Minuten Spielzeit schon einmal mindestens ein Tor.

Der Weltrekord für das **weiteste Kopfballtor** liegt bei 58 m, erzielt im Jahr 2011 durch **Joan Samuelsen** von Odds BK gegen Tromsø in der norwegischen **Tippeligaen**.

Die 15-minütige Halbzeitpause wird **am besten** genutzt, wenn man sich in den ersten **7,5 Minuten** ausruht und dann die **Muskeln** locker aufwärmt.

Antonio Rüdiger

von **Real Madrid** ist der wohl schnellste Spieler der Welt. Als er noch in der englischen Premier League für **Chelsea** spielte, wurden bei einem seiner Sprints **36,7 km/h** gemessen.

Die meisten von einem **einzelnen Spieler** erzielten Tore während einer WM schoss der Franzose **Just Fontaine**. 1958 schlug er **13 Mal** zu.

Fußball als Teamwork

Fußball ist eine Teamsportart mit elf Spielenden, die nur im Zusammenspiel siegen können. Der Trainer oder die Trainerin unterstützen sie dabei, indem sie sie effektiv trainieren lassen, ein Team formen, das die Stärken der Mitglieder zum Tragen bringt, und dafür sorgen, dass die elf Spielenden ihre taktische Rolle kennen.

Das **Tor hüten**

Als letzte Abwehr muss die Person im Tor schnelle Reflexe haben sowie **gut springen**, **fangen** und **schießen** können. Nur sie darf den Ball im eigenen **Strafraum** mit der **Hand** berühren, aber nirgendwo sonst auf dem Platz.

SUPER-TORWART

Der Spanier Iker Casillas ist einer der erfolgreichsten Torhüter aller Zeiten. Mit Real Madrid gewann er zwischen 1999 und 2015 fünf Liga-Titel, vier Mal den spanischen Pokal, drei Champions-League-Titel, zweimal die Copa del Rey und den UEFA Super Cup.

Beobachte das Spiel genau, versuche Gefahren vorauszuahnen und sei bereit, jeden Schuss aufs Tor zu halten.

Stehe im Gleichgewicht. Wenn du hechtest, drückst du dich mit dem Vorderfuß des ballnahen Beins explosiv ab.

Der Torwart muss stets bereit sein, nach dem Ball zu hechten, da geschickte Angreifer oft in die Ecken des Tors schießen.

Greife mit gestreckter Hand nach dem Ball und drücke ihn aus dem Spiel.

Halte das Handgelenk steif, damit der Ball nicht über die Hand rutscht.

PSG-Torhüterin Christiane Endler kassierte in der Saison 2020/21 nur 4 Gegentore.

DIE ABWEHR ORDNEN

Die Torhüterin hält nicht nur Schüsse aufs Tor, sondern ist auch Chefin der Abwehr. Ihre Aufgabe ist es, sie so zu organisieren, dass jede Torgefahr abgewendet werden kann. Bei Freistößen richtet die Torhüterin die Mauer aus und bestimmt die Zahl der Abwehrspielerinnen, die sie bilden.

Außenverteidiger
Die Außenverteidiger operieren auf den beiden Seiten des Platzes und verteidigen an den Seitenlinien. Greift einer mit an, unterstützt der andere die Innenverteidiger.

Offensivverteidigerin
Die Offensivverteidigerinnen operieren ebenfalls entlang der Außenlinie, stehen aber höher als normale Außenverteidigerinnen. Sie verteidigen, greifen aber sehr häufig auch mit an.

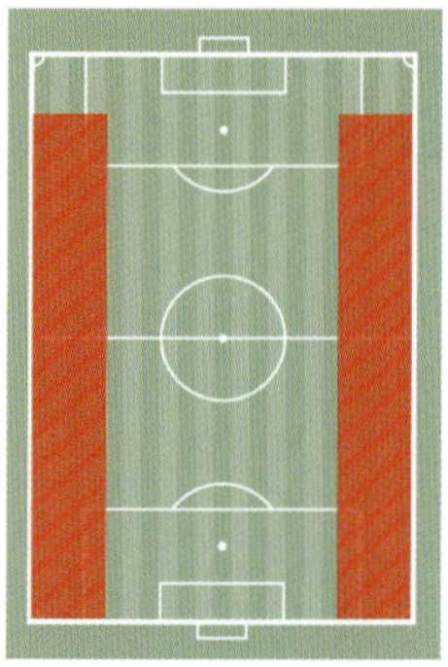

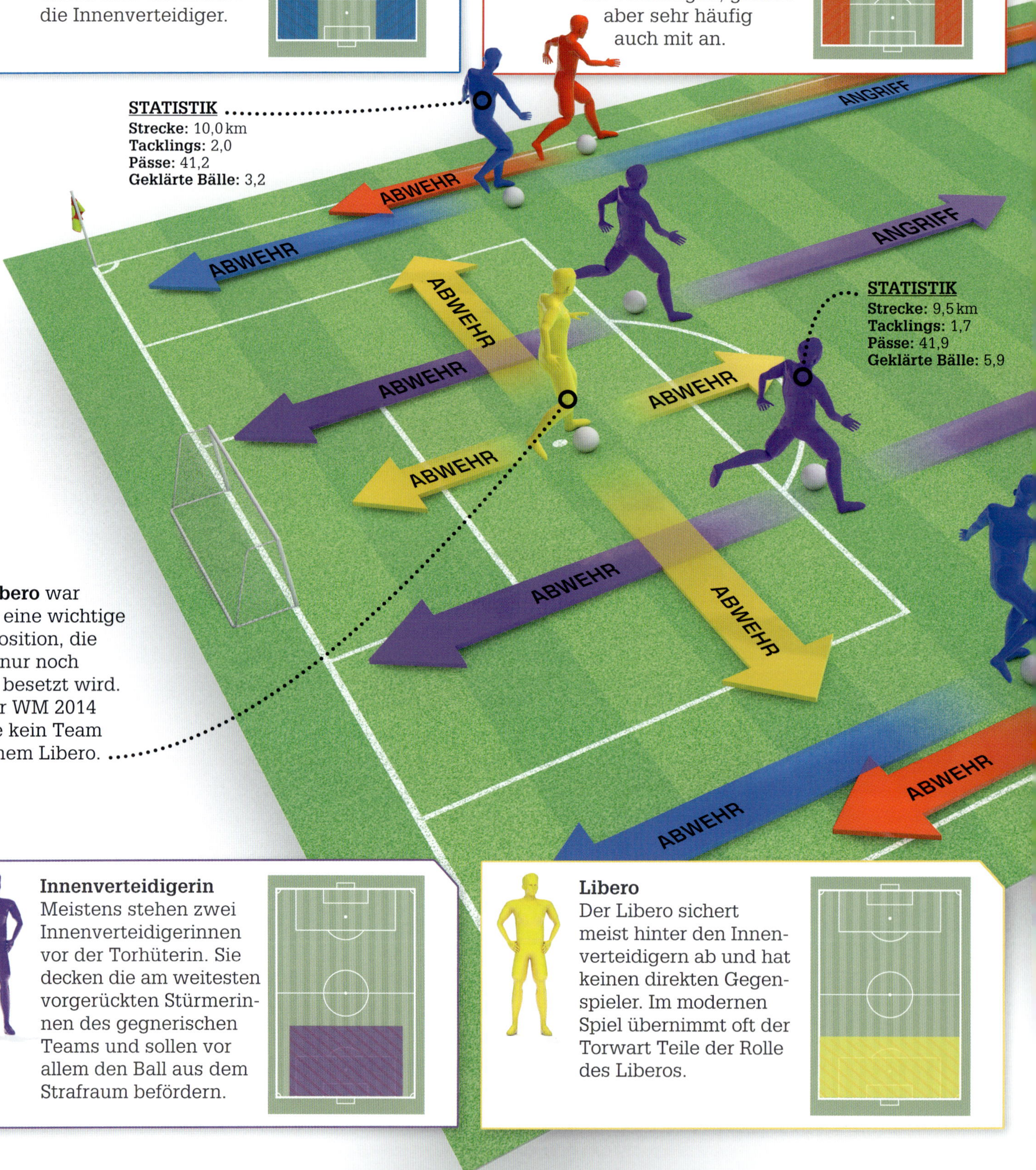

Der Libero war früher eine wichtige Spielposition, die heute nur noch selten besetzt wird. Bei der WM 2014 spielte kein Team mit einem Libero.

Innenverteidigerin
Meistens stehen zwei Innenverteidigerinnen vor der Torhüterin. Sie decken die am weitesten vorgerückten Stürmerinnen des gegnerischen Teams und sollen vor allem den Ball aus dem Strafraum befördern.

Libero
Der Libero sichert meist hinter den Innenverteidigern ab und hat keinen direkten Gegenspieler. Im modernen Spiel übernimmt oft der Torwart Teile der Rolle des Liberos.

GROSSARTIGER ABWEHRSPIELER

Franz Beckenbauer, der mit Deutschland die WM 1974 gewann, gilt als einer der besten Abwehrspieler der Fußballgeschichte. Er definierte die Rolle des Liberos neu, indem er aus einem Ausputzer einen kreativen Angreifer machte.

Der Niederländer Ronald Koeman schoss 193 Tore – Rekord für einen Defensivspieler.

Stabile **Abwehr**

Abwehrspielende müssen das gegnerische Team **daran hindern**, **Tore zu schießen**. Es gibt **vier Arten**: Außenverteidiger, Offensivverteidiger, Innenverteidiger und den Libero.

Die Abwehr muss zwar als Einheit agieren, aber die Spielenden erfüllen jeweils unterschiedliche Aufgaben. Außenverteidigerinnen machen die meisten Tacklings, Innenverteidiger klären die meisten Bälle. Offensivverteidigerinnen legen die weitesten Strecken zurück.

Defensiver Mittelfeldspieler
Er soll Angriffe des Gegners stoppen und in der Abwehr aushelfen, wenn einer seiner Abwehrspieler mit angreift. Defensive Mittelfeldspieler stoßen selten in die Hälfte des Gegners vor.

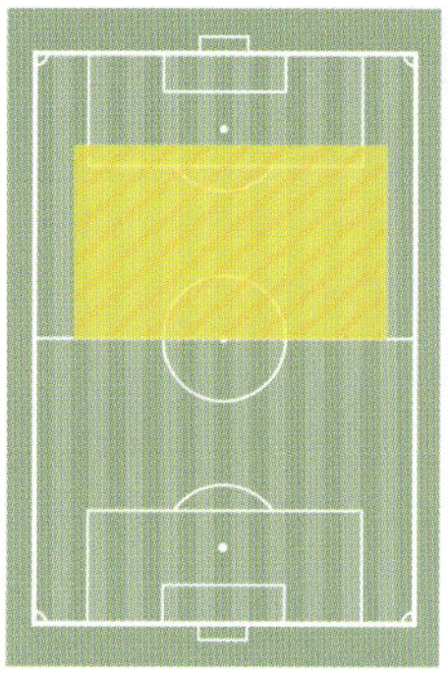

Zentrale Mittelfeldspielerin
Sie spielt die Pässe in den Angriff und folgt den Stürmerinnen. Zur Abwehr lässt sie sich zurückfallen und hilft den Verteidigerinnen, einen gegnerischen Vorstoß zu stoppen.

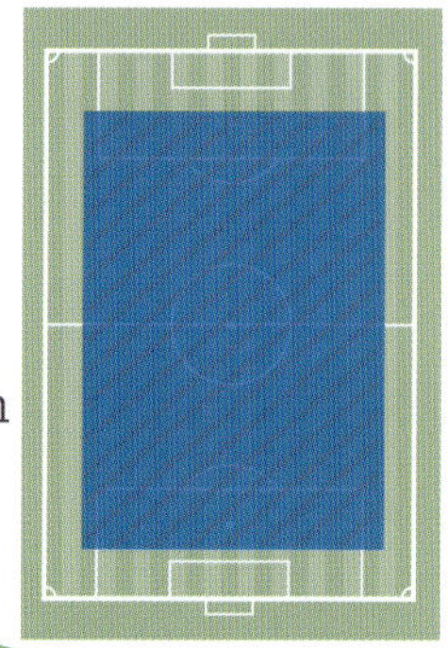

In der Saison 2017/18 spielte Manchester Citys Ilkay Gündogan 174 Pässe in einem Spiel. Weltrekord!

Magisches **Mittelfeld**

Mittelfeldspielende **zerstören** das Spiel des Gegners und kurbeln den **Angriff** der eigenen Mannschaft an. Es gibt **vier Arten von Mittelfeldspielenden**: defensive, zentrale, offensive und Außenmittelfeldspielende.

Außen-mittelfeldspieler
Seine Position ist nahe der Seitenlinie. Beim Angriff schlägt er vor allem Pässe in den Strafraum des Gegners. Zur Abwehr eilt er zurück und sorgt für mehr Deckung.

Offensive Mittelfeldspielerin
Sie ist der kreative Kopf ihrer Mannschaft und verbindet Mittelfeld und Sturm. Sie spielt nur eine begrenzte Rolle für die Abwehr und lässt sich selten in die eigene Hälfte zurückfallen.

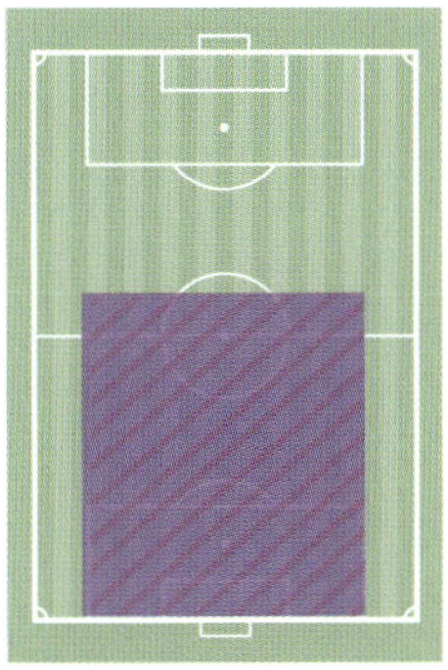

Die Spielenden im Mittelfeld erfüllen eine wichtige Rolle in der Abwehr und ebenso im Herstellen von Verbindungen zur Vorbereitung eines Angriffs. Im modernen Fußball erhalten die Spielenden im Mittelfeld oft unterschiedliche Bezeichnungen, die sich nach der spezifischen Taktik und Aufstellung richten.

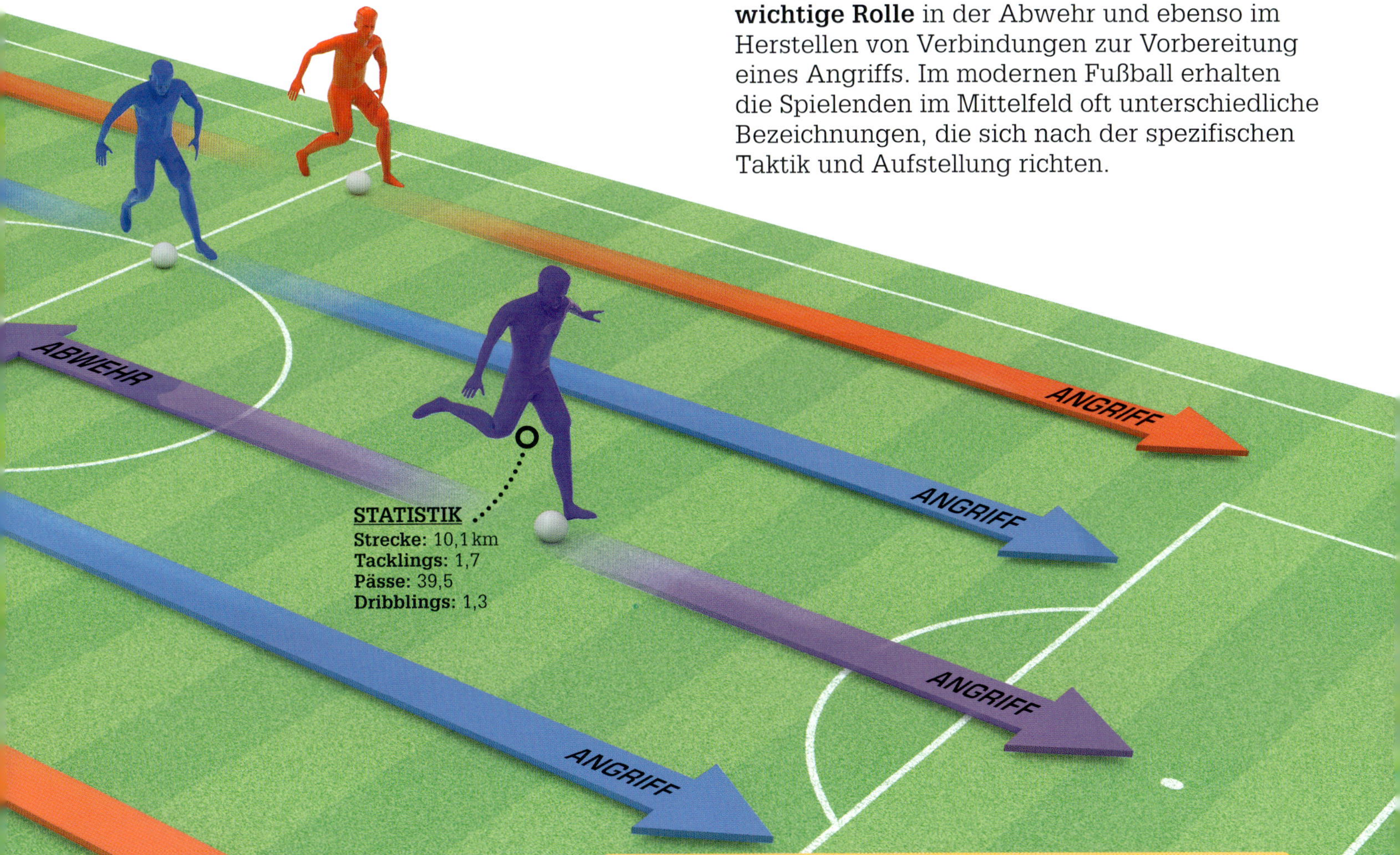

MEISTER DES MITTELFELDS

Der Niederländer Johan Cruyff war der beste Mittelfeldspieler seiner Generation. In seiner 20-jährigen Karriere gewann er acht niederländische Meisterschaften, einen spanischen Liga-Titel und führte die Niederlande ins WM-Finale 1974.

Schneller **Sturm**

Stürmerinnen und Stürmer halten sich am häufigsten im gegnerischen Strafraum auf. Ihre **Aufgabe** ist es, **Tore zu erzielen**. Gelingt das, sind sie oft die gefeiertsten Stars ihrer Mannschaft.

Im Sturm kommt es auf Schnelligkeit an. Einige Sturmstars sprinten 9,7 m pro Sekunde.

STATISTIK
Strecke: 9,4 km
Tacklings: 0,9
Pässe: 28,5
Schüsse: 1,5

Hängende Spitze/Nr. 10
Dieser Spieler hält sich im „Niemandsland“ zwischen der Abwehr und dem Mittelfeld des Gegners auf. Von hier aus inszeniert er Angriffe oder schießt selbst auf das Tor.

Außen- oder Flügelstürmerin
Als Teil der Angriffsformation muss sie über die Außenseiten des Spielfelds angreifen und Pässe in den Strafraum schlagen. Ihre Aufgaben in der Abwehr sind begrenzt.

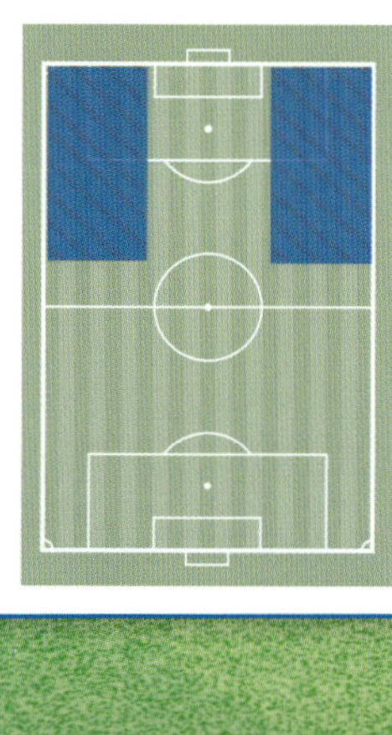

Mittelstürmerin
Ihre Hauptaufgabe ist es, Tore zu erzielen, und so operiert sie meist in der Nähe des gegnerischen Tors. Hier nimmt sie die Bälle an, verteilt sie oder dreht sich, um selbst zu schießen oder aufs Tor loszustürmen.

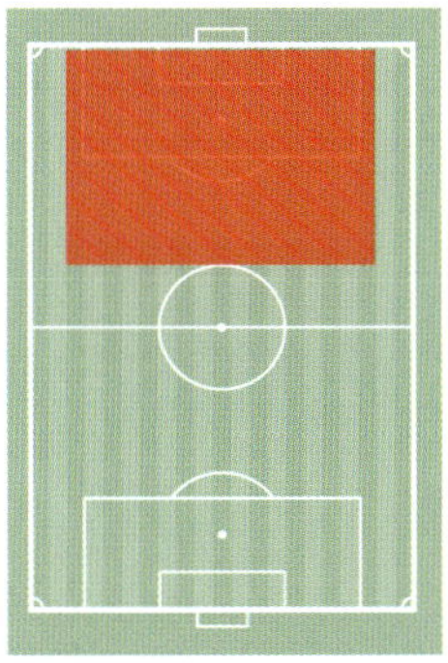

TOLLES STÜRMERDUO

Zwei der bedeutendsten Stürmer der Fußballgeschichte, Alfredo Di Stéfano (links) und Ferenc Puskás, bildeten ein erfolgreiches Duo bei Real Madrid. Sie holten mit dem Klub vier Meistertitel in Folge (1961–1964), wurden zweimal Europapokalsieger der Landesmeister (1959 und 1960) und erzielten unglaubliche 258 Tore in 182 Ligaspielen.

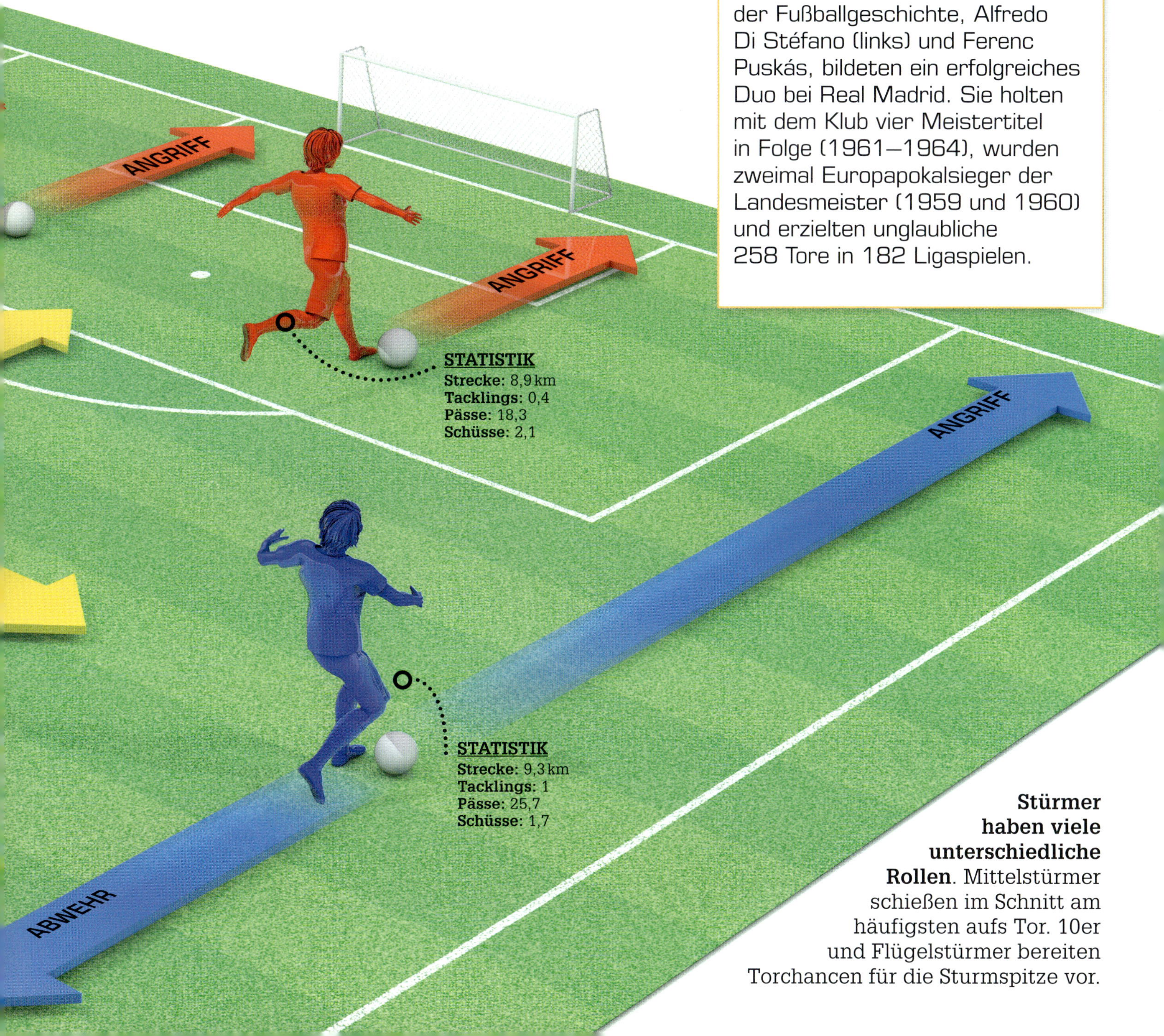

Stürmer haben viele unterschiedliche Rollen. Mittelstürmer schießen im Schnitt am häufigsten aufs Tor. 10er und Flügelstürmer bereiten Torchancen für die Sturmspitze vor.

Spielsysteme

Die Teams sind nach einem bestimmten **System** auf dem Spielfeld positioniert. Es wird mit einer **Zahlenreihe** bezeichnet, die die Zahl der Spielenden in jedem **Spielfeldbereich** angibt.

Das 4-4-2-System ist die Basis der modernen Spielsysteme. Es gibt viele Varianten davon.

4-4-2

Diese klassische Formation weist zwei Viererketten für Abwehr und Mittelfeld auf sowie zwei Stürmer.

Die beiden Außenverteidiger spielen eine wichtige Rolle in der Abwehr, gehen aber auch oft mit nach vorn in den Angriff.

Zwei Mittelfeldspieler auf der Außenbahn schlagen Pässe zu den beiden Stürmern im Angriff. Sie lassen sich auch zurückfallen und helfen in der Abwehr aus.

Die beiden Stürmer können auch alleine, ohne Unterstützung durch das Mittelfeld agieren.

✔ Vorteile

- Zwei Viererketten sorgen für Stabilität in der Abwehr.
- Das Stürmerpaar stellt eine ständige Bedrohung dar.
- Die Außenverteidiger ziehen die Abwehr des Gegners auseinander.

✘ Nachteile

- Mit nur zwei zentralen Mittelfeldspielern ist die Mitte oft zahlenmäßig unterlegen.
- Der Gegner kann den Raum zwischen Abwehr und Mittelfeld nutzen.
- Auf den Mittelfeldspielern lastet bei Angriff und Abwehr großer Druck.

4-2-3-1

Dieses System ist derzeit am beliebtesten im europäischen Fußball.

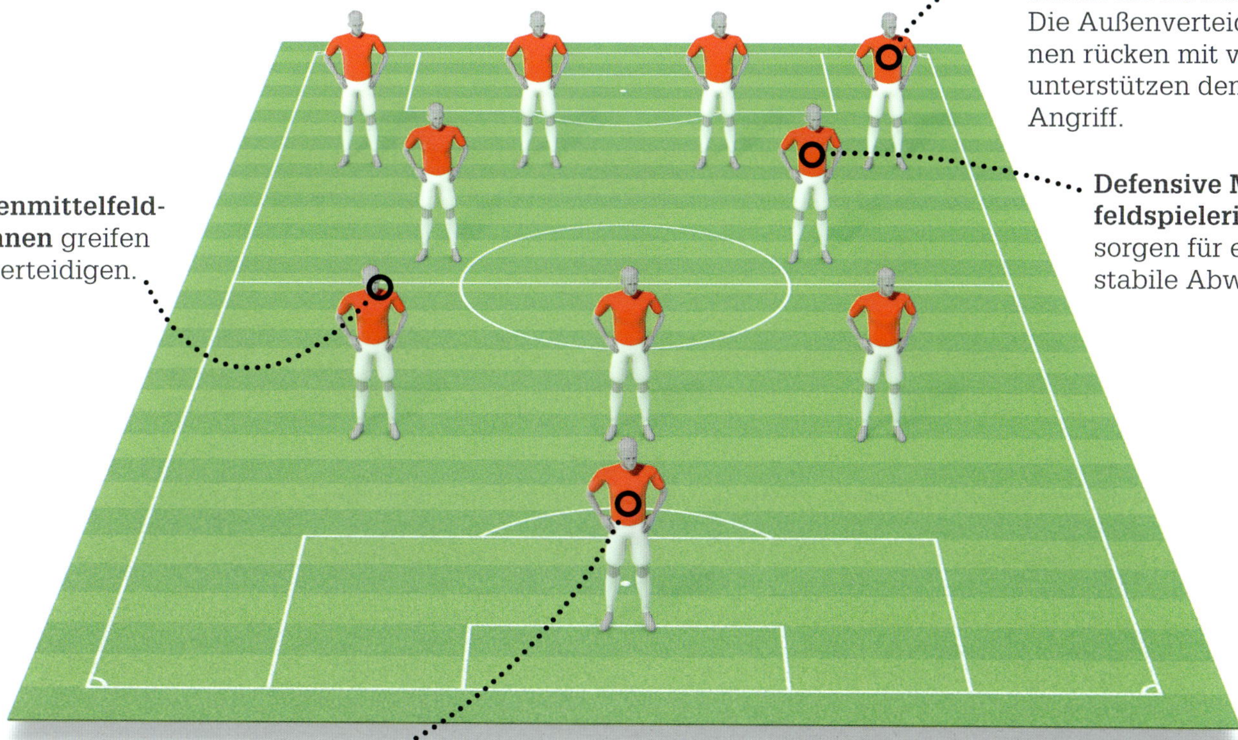

Vier Verteidigerinnen bilden die Abwehrkette. Die Außenverteidigerinnen rücken mit vor und unterstützen den Angriff.

Defensive Mittelfeldspielerinnen sorgen für eine stabile Abwehr.

Die Außenmittelfeldspielerinnen greifen an und verteidigen.

Die einzige Stürmerin ist auf die Unterstützung der drei offensiven Mittelfeldspielerinnen angewiesen.

✔ Vorteile

- Der Ball kann schnell durchs Mittelfeld gepasst werden.
- Bei diesem System ist das Mittelfeld nur schwer zu überspielen.
- Drei offensive Mittelfeldspielerinnen sorgen für Angriffsschwung.

✘ Nachteile

- Die Stürmerin muss vom offensiven Mitteld unterstützt werden.
- Die offensiven Mittelfeldspielerinnen müssen nach vorn und hinten arbeiten.
- Auch die Flügelspielerinnen müssen in der Abwehr aushelfen.

Andere moderne Spielsysteme

4-1-2-1-2
Dieses 4-4-2 mit „Raute“ sorgt für mehr Stabilität im Mittelfeld. Die Außenverteidiger gehen mit nach vorn und ziehen den Angriff in die Breite.

4-3-3
Drei Mittelfeldspielerinnen halten Abwehr und Sturm zusammen. Viele Teams wenden dieses System an, wenn sie einen Rückstand aufholen wollen.

4-3-2-1
Der sogenannte Tannenbaum ist eine stärker angriffsbetonte Variante des 4-3-3, mit zwei offensiven Mittelfeldspielern hinter einer zentralen Sturmspitze.

Weitere Spielsysteme

4-5-1

Teams, die ein System mit einem so kompakten Mittelfeld wählen, wollen meist eine Niederlage vermeiden.

Die Verteidigerinnen können dank des dichten Mittelfelds tiefer stehen.

Zwei Außenspielerinnen können bei eigenem Angriff mit vorstoßen, um ein 4-3-3 zu bilden.

Die einzige Stürmerin muss den Ball im Angriff halten und auf Unterstützung warten.

✔ Vorteile

- Das dicht besetzte Mittelfeld führt meist zu viel Ballbesitz.
- Das flexible System lässt sich beim Angriff gut auf 4-3-3 umschalten.
- Bei dieser Formation gibt es für die Gegnerinnen fast kein Durchkommen.

✘ Nachteile

- Die Stürmerin ist oft auf sich allein gestellt und leicht zu isolieren.
- Bei diesem System sind eigene Konter schwierig.
- Das zentrale Mittelfeld muss die Stürmerin bei Angriffen unterstützen.

BRASILIENS FLEXIBLES SYSTEM

Das 4-2-4-System will die Abwehr stärken, ohne den Angriff zu schwächen, und wurde populär, als Brasilien die WM 1958 gewann. In der Praxis operiert es als 4-3-3-System in der Abwehr und als 3-3-4-System im Angriff.

Viele halten das 4-6-0-System ohne Stürmer für das System der Zukunft.

5-3-2/3-5-2

Zwei Offensivverteidiger bieten mehr Möglichkeiten für Abwehr und Angriff. Sie müssen aber sehr fit sein, damit das System funktioniert.

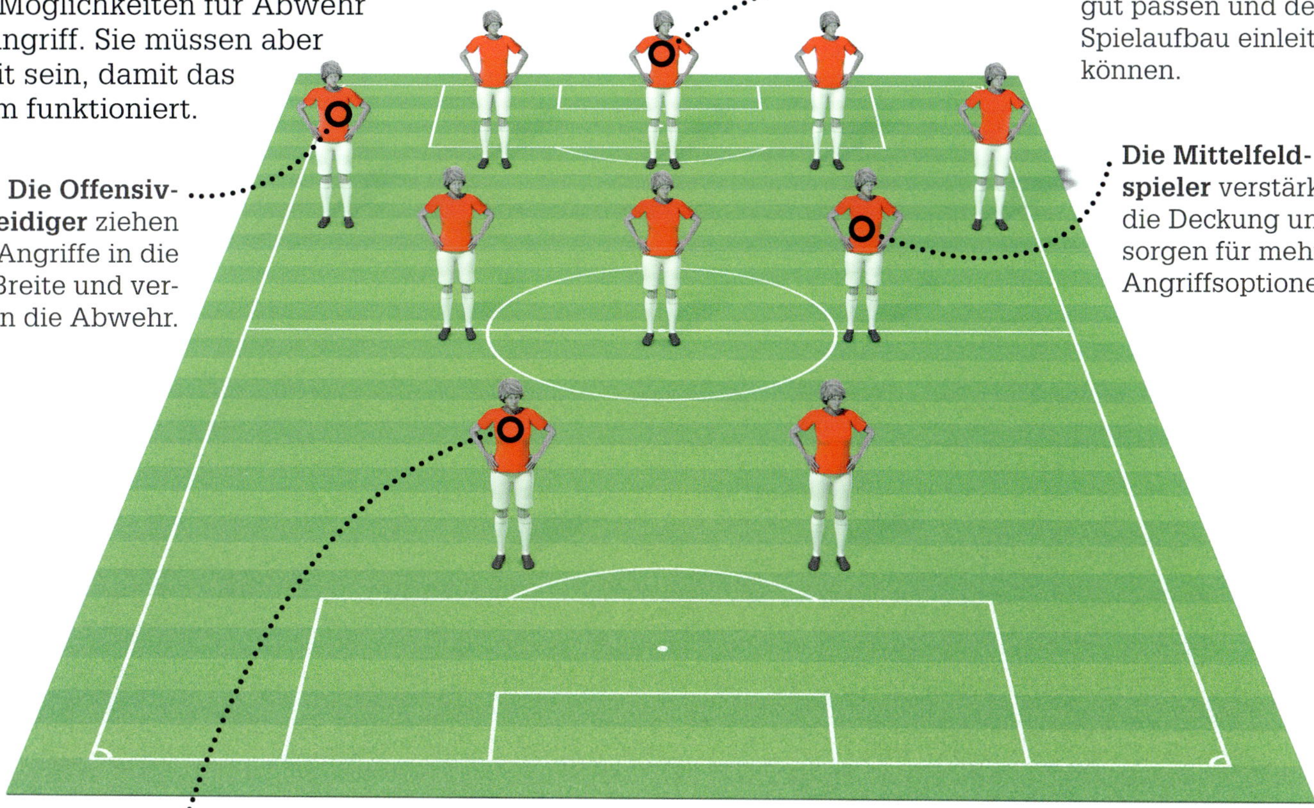

Der mittlere Verteidiger in der Dreierkette muss gut passen und den Spielaufbau einleiten können.

Die Offensivverteidiger ziehen die Angriffe in die Breite und verstärken die Abwehr.

Die Mittelfeldspieler verstärken die Deckung und sorgen für mehr Angriffsoptionen.

Das Sturmduo kann angreifen, auch ohne aus dem Mittelfeld unterstützt zu werden.

✔ Vorteile

- Drei zentrale Verteidiger verringern die Gefahr von Kontern.
- Ein defensiver Mittelfeldspieler unterstützt meist die Abwehr.
- Drei Mittelfeldspieler und zwei Offensivverteidiger bieten viele Angriffsoptionen.

✘ Nachteile

- In der hinteren Dreierkette muss mindestens ein Spieler mit guten Pässen für den Spielaufbau sorgen können.
- Für dieses System benötigen die Spieler ein herausragendes Stellungsspiel.

Historische Formationen

2-3-5
Die sogenannte Schottische Furche war das Standardsystem um 1880. Der Schwerpunkt lag auf dem Angriff.

3-2-2-3
Das WM-System aus den 1920er-Jahren verstärkte die Abwehr, um der erhöhten Angriffsgefahr zu begegnen, die aus einer geänderten Abseitsregel entstand.

1-4-3-2
Das „Catenaccio-System" sah einen „Ausputzer" oder Libero zwischen dem Torwart und der Abwehr vor, der die Verteidigung unterstützte.

Standards: **Angriff**

Eckstöße und **Freistöße** werden als Standardsituationen bezeichnet. Sie geben den Teams die Gelegenheit, **Spielzüge auszuführen**, die sie im Training eingeübt haben.

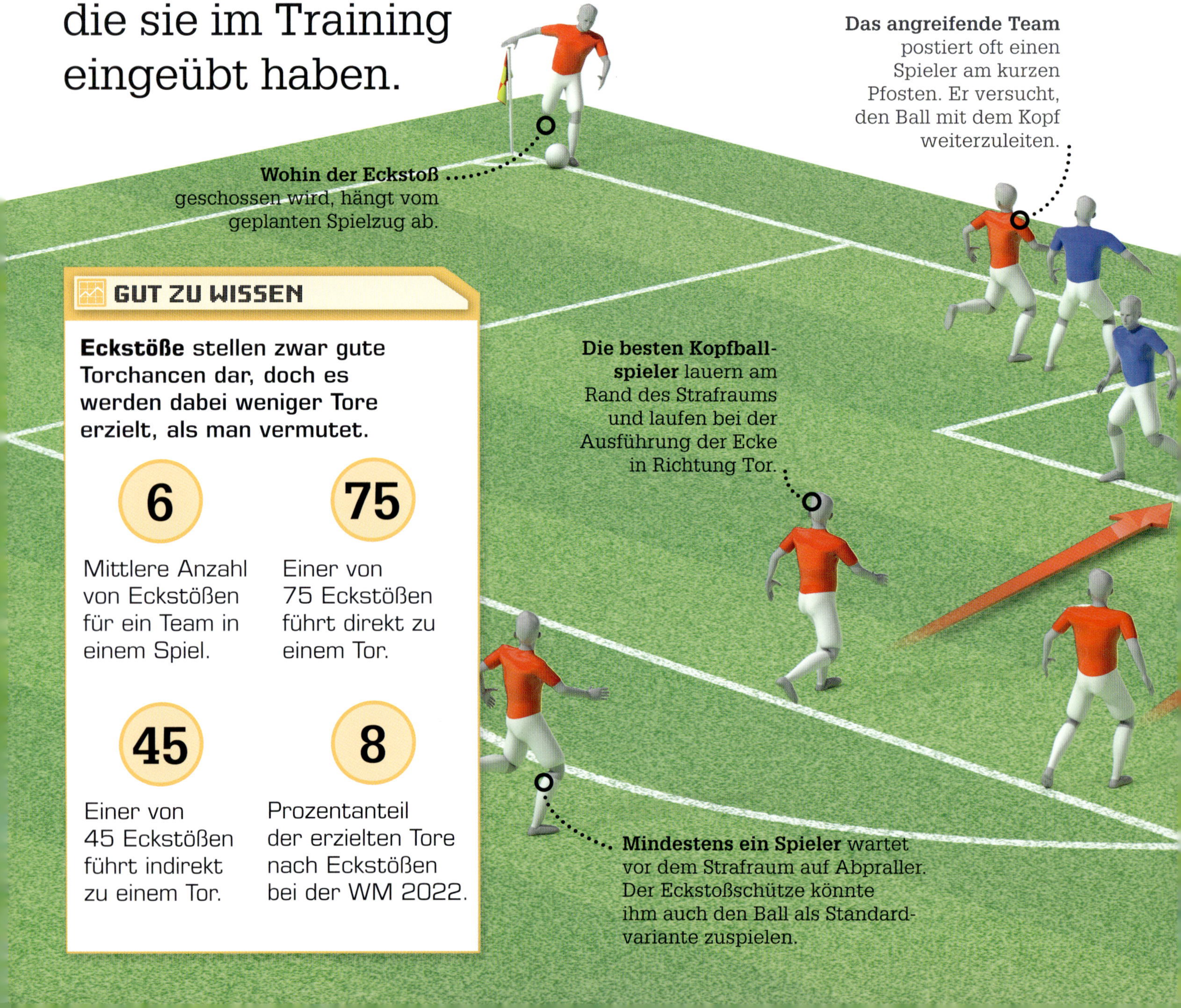

GUT ZU WISSEN

Eckstöße stellen zwar gute Torchancen dar, doch es werden dabei weniger Tore erzielt, als man vermutet.

6
Mittlere Anzahl von Eckstößen für ein Team in einem Spiel.

75
Einer von 75 Eckstößen führt direkt zu einem Tor.

45
Einer von 45 Eckstößen führt indirekt zu einem Tor.

8
Prozentanteil der erzielten Tore nach Eckstößen bei der WM 2022.

Standard: Freistoß

Ist die Entfernung bei einem Freistoß zu groß für einen direkten Torschuss, versuchen die Angreiferinnen einen Spielzug, den sie im Training eingeübt haben.

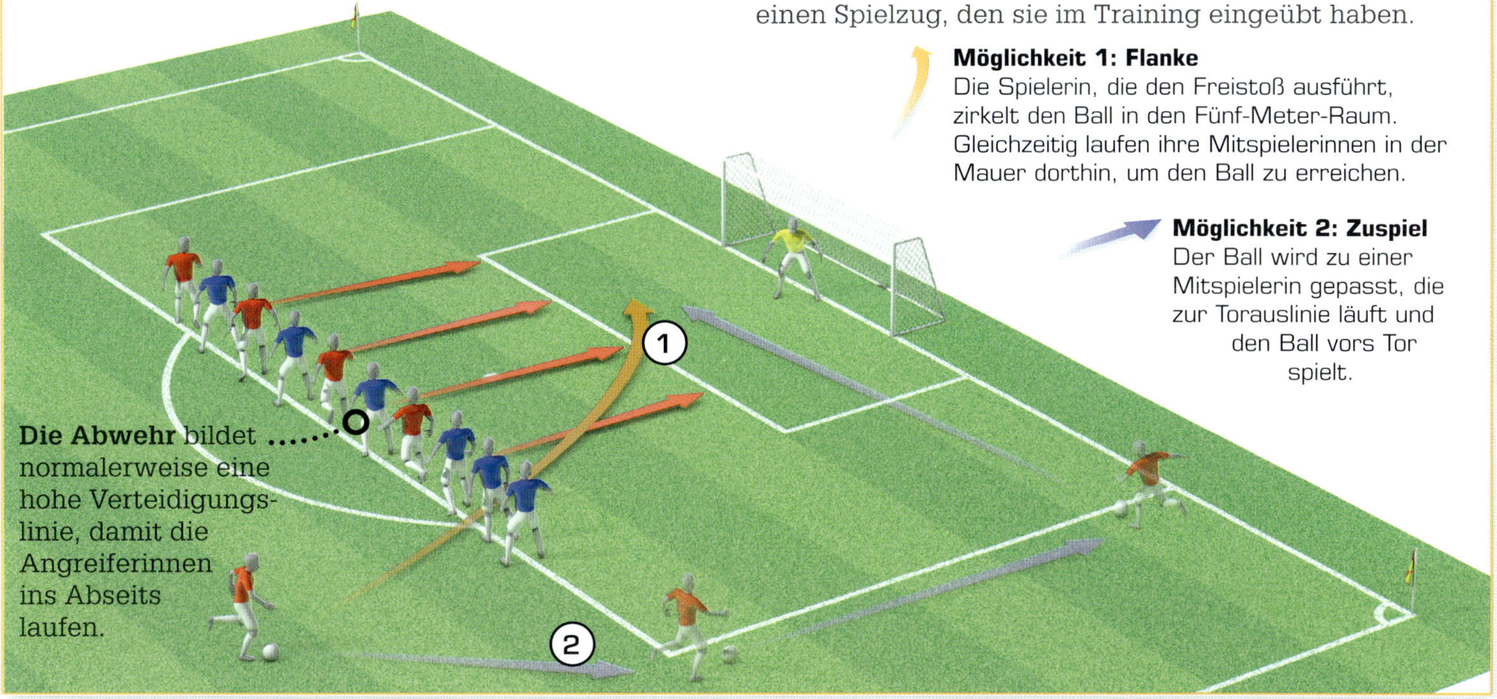

Möglichkeit 1: Flanke
Die Spielerin, die den Freistoß ausführt, zirkelt den Ball in den Fünf-Meter-Raum. Gleichzeitig laufen ihre Mitspielerinnen in der Mauer dorthin, um den Ball zu erreichen.

Möglichkeit 2: Zuspiel
Der Ball wird zu einer Mitspielerin gepasst, die zur Torauslinie läuft und den Ball vors Tor spielt.

Die Abwehr bildet normalerweise eine hohe Verteidigungslinie, damit die Angreiferinnen ins Abseits laufen.

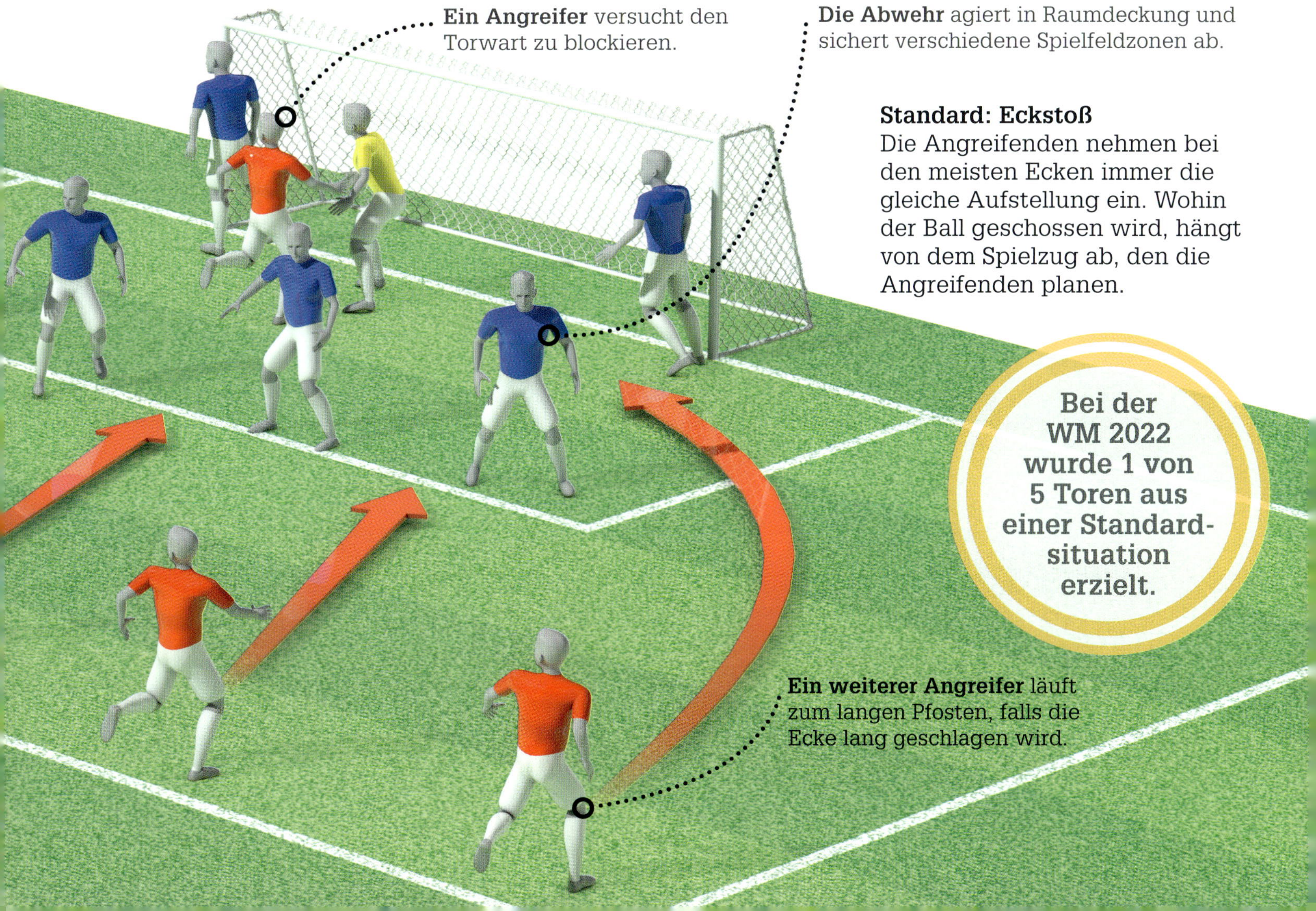

Ein Angreifer versucht den Torwart zu blockieren.

Die Abwehr agiert in Raumdeckung und sichert verschiedene Spielfeldzonen ab.

Standard: Eckstoß

Die Angreifenden nehmen bei den meisten Ecken immer die gleiche Aufstellung ein. Wohin der Ball geschossen wird, hängt von dem Spielzug ab, den die Angreifenden planen.

Bei der WM 2022 wurde 1 von 5 Toren aus einer Standardsituation erzielt.

Ein weiterer Angreifer läuft zum langen Pfosten, falls die Ecke lang geschlagen wird.

Standards: Abwehr

Weil **Standards** zu guten Torchancen führen können, muss die **Abwehr** so **organisiert** werden, dass sie der drohenden **Gefahr begegnen** kann.

In der englischen Premier League ließ Manchester City in der Saison 2020/21 nur 1 Standardtor zu.

Bei Eckstößen gibt es zwei Möglichkeiten: Raumdeckung oder Manndeckung.

Raumdeckung

Die Verteidigerinnen nehmen bei Eckstößen ihre Standardposition ein und schirmen einen Raum ab, statt eine bestimmte Angreiferin zu decken.

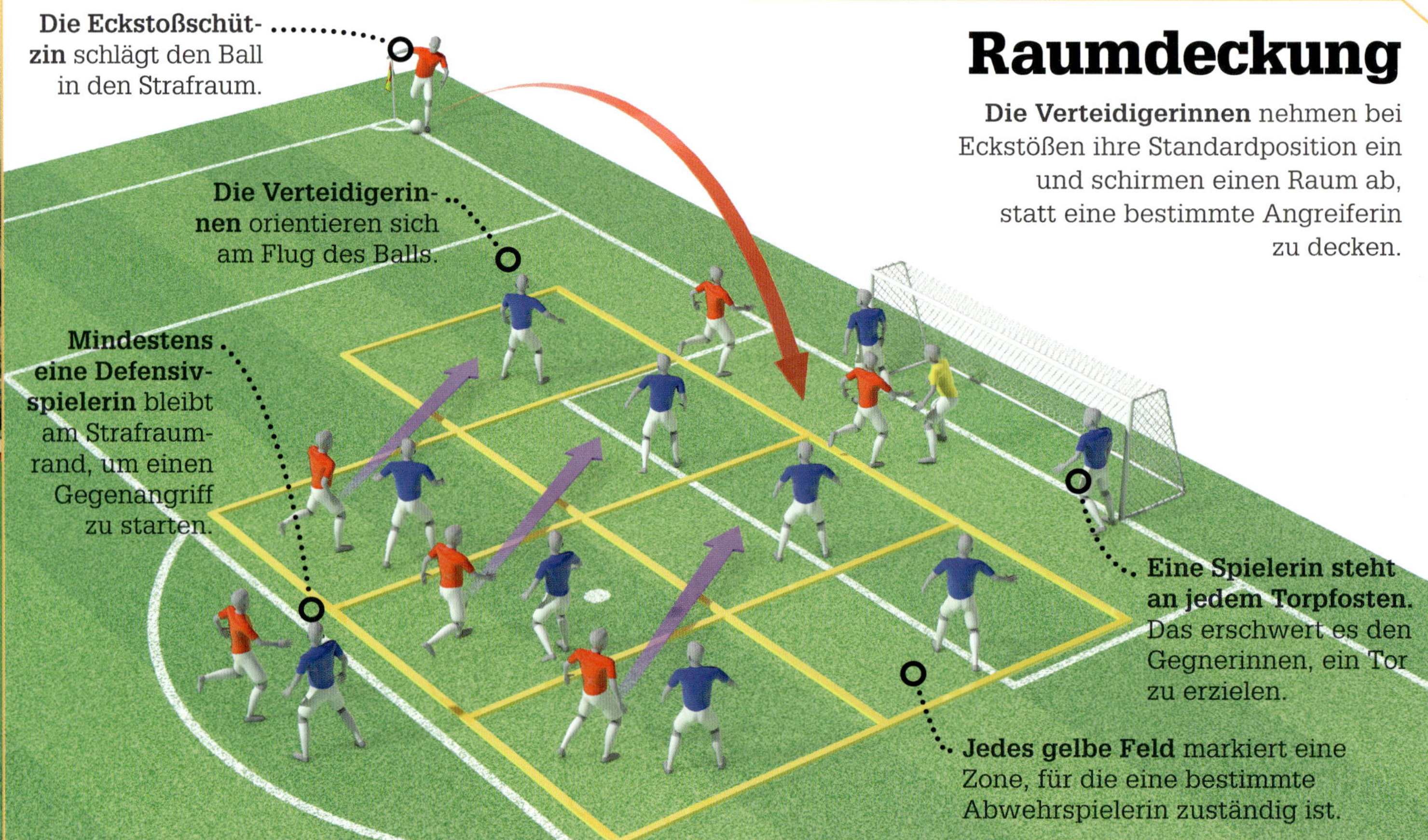

✔ Vorteile

- Bei diesem System kann die Torhüterin leichter aus dem Tor kommen und den Ball abfangen, da der Raum um sie herum nicht so überfüllt ist.
- Für die Abwehr ist das gesamte Team zuständig.

✘ Nachteil

- Die Angreiferinnen kommen leichter zum Kopfball, da sie einen längeren Weg zum Ball haben und daher schneller auf ihn zulaufen und höher springen können.

Die Mauer beim Freistoß

Der Torwart bestimmt, wie viele Spieler die Mauer bilden. Das hängt davon ab, von woher der Freistoß kommt. Jedes Segment in dieser Abbildung zeigt, wie viele Spieler die Mauer bilden, wenn der Freistoß von dort aus erfolgt.

Manndeckung

Jeder Abwehrspieler deckt einen bestimmten Gegenspieler so lange, bis der Ball aus dem Strafraum geschlagen wurde und die Gefahr vorbei ist.

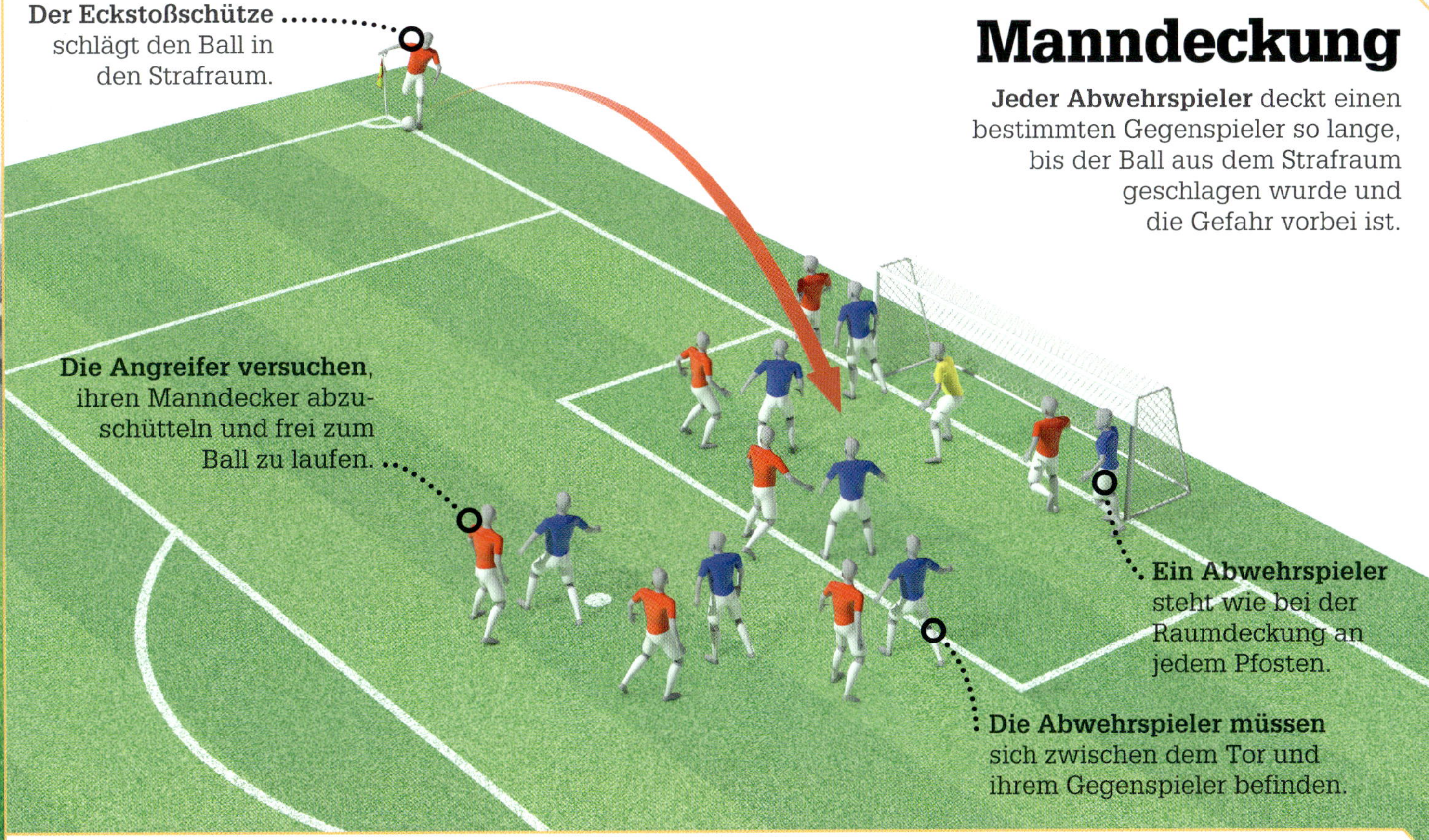

✔ Vorteil

- Die Abwehrspieler können genau wie ihre Gegenspieler zum Ball laufen.

✘ Nachteile

- Die Abwehrspieler müssen ihren Angreifern folgen.
- Große Verantwortung für den Abwehrspieler, seinen Gegenspieler nicht aus den Augen zu verlieren.
- Im Torraum kann großes Gedränge herrschen, sodass der Torwart Mühe hat, den Ball abzufangen.

Taktik-genies

Jede Mannschaft tritt mit einer **Strategie** und **Taktik** an, um zu gewinnen. Bestimmt werden sie von **Trainer oder Trainerin** auf der Grundlage des jahrelang entwickelten **Spielstils des Teams**.

1870er

Die Technik des Passens wurde 1870 vom schottischen Team Queen of the South eingeführt. Dies revolutionierte das Spiel, das bis dahin nur Dribblings kannte.

1930er

Herbert Chapman entwickelte als Manager des englischen Klubs Arsenal das WM-System. Es betonte die Abwehr – bis dahin stand der Angriff im Vordergrund.

Im modernen Fußball hat es schon viele verschiedene Spielsysteme und Spielstile gegeben. Hier eine Auswahl jener, die zu großartigen Erfolgen auf dem Rasen führten.

1950er

Ungarn spielte um 1950 ein ganz eigenes System, bei dem die Stürmer mitverteidigten und die Abwehrspieler mitstürmten. Das ungarische Nationalteam gewann 1952 die olympische Goldmedaille.

1960er

Helenio Herrera gewann 1964 und 1965 mit Inter Mailand den Europapokal der Landesmeister. Mit seiner defensiven Catenaccio-Taktik gewann die Mannschaft Spiele, indem sie auf Konter lauerte.

27 Tore erzielte Ungarn bei der WM 1954 – ein Rekord, der bis heute gilt.

RINUS MICHELS

Der Niederländer Rinus Michels gilt als Erfinder des „Totalen Fußballs". 1971–1973 gewann er mit Ajax Amsterdam dreimal den Europapokal der Landesmeister. Er führte den Stil auch beim FC Barcelona und in der niederländischen Nationalmannschaft ein, die 1988 Europameister wurde.

1970er

Das niederländische Nationalteam führte den „Totalen Fußball" ein, bei dem die Spieler auf dem Feld ständig die Positionen tauschten. Die Mannschaft stand 1974 und 1978 im WM-Finale.

2000er

Arsène Wengers innovative Konzentration auf Sportwissenschaft, Ernährung und Psychologie trug zum anhaltenden Erfolg seines Teams Arsenal London zu Beginn der 2000er-Jahre bei.

2010er

Jürgen Klopp hat als Trainer von Borussia Dortmund und Liverpool große Erfolge gefeiert. Dabei legt er großen Wert auf das Gegenpressing: Nach einem Ballverlust versucht das Team, den Ball schnellstmöglich zurückzugewinnen.

2020er

Zu Pep Guardiolas Ideen gehören eingerückte Außenverteidiger und später der Einsatz von vier statt der üblichen zwei Innenverteidiger plus zwei offensive Außenverteidiger. Durch seine genialen Taktiken gewann Manchester City fünf von sieben Premier-League-Pokalen.

Nachspielzeit

Die Anzahl von **Toren pro Spiel** in den Topligen von **England, Frankreich, Deutschland, Italien, Spanien** und den **USA** beträgt im Schnitt **2,86**.

Der **FC Bayern München** erzielte 2014 einen Rekord von

1033

Pässen in einem Spiel der **Bundesliga** gegen **Hertha Berlin**. **Bayern München** gewann mit **3:1**.

Das **häufigste Ergebnis** von Fußballspielen ist **1:1**, das sind **11 %** aller möglichen Ergebnisse. Hier die Prozentsätze anderer Resultate:

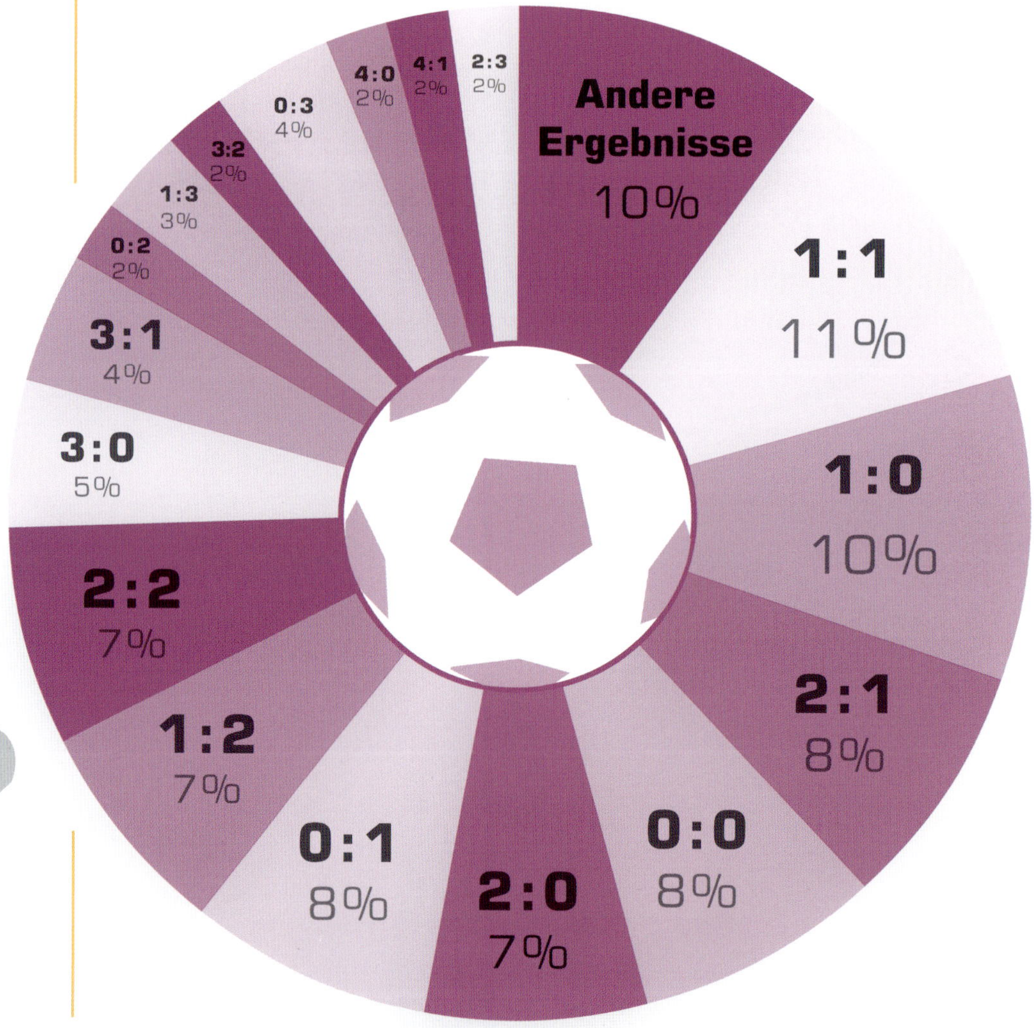

Während eines **90-minütigen** Spiels ist der Ball tatsächlich zwischen **55** und **60** Minuten im Spiel. Auf Amateurebene sind es **50** bis **55** Minuten.

Eine Studie der englischen Premier League verrät, **wie häufig Tore wann im Spiel** erzielt werden.

0–15. Minute	**13,8% der Tore**
16.–30. Minute	**14,9% der Tore**
31.–45. Minute	**17,6% der Tore**
46.–60. Minute	**16,1% der Tore**
61.–75. Minute	**17,5% der Tore**
76.–90. Minute	**20,1% der Tore**

Im Profifußball stehen die Chancen **bei 2:7**, dass ein Team verliert, welches das **erste Tor erzielt**.

Die meisten **Spiele in Folge ohne Niederlage** schafften diese Klubs **der 4 europäischen Topligen**:

AC Mailand
(Italien)
1991–1993
58 SPIELE

Bayern München
(Deutschland)
2012–2014
53 SPIELE

Arsenal
(England)
2003–2004
49 SPIELE

Juventus
(Italien)
2011–2012
49 SPIELE

Liverpool
(England)
2019–2020
44 SPIELE

Im Durchschnitt führen **9** von **100 Schüssen** zu einem Tor. **12** von **100 Kopfbällen** aufs Tor landen im Netz.

Ajax Amsterdem gewann alle **46 Heimspiele** während zwei Spielzeiten in Folge (1971/72 und 1972/73) und holte dabei **vier verschiedene Titel**: die **Meisterschaft**, den **KNVB-Pokal**, den **Europapokal** der Landesmeister und den **UEFA Super Cup**.

BUSINESS
TRAVEL
GLOBAL
TECH
SOFTWARE
AIRLINE
THE LEAGUE
DRINKS
FOOTBALL

Verein, Spieler und Fans

Ein Fußballteam ist Teil einer viel größeren Organisation: des Vereins, der eine eigene Identität und Tradition hat. Spitzenklubs werden wie Unternehmen geführt und haben Hunderte von Beschäftigten. In den Vereinen gibt es viele verschiedene Aufgaben, vom Trainieren der Mannschaft bis zum Verkauf von Tickets an die Fans und zur Vorbereitung des Spielfelds für das Spiel.

So funktioniert ein Verein

Große Fußballvereine haben viele Beschäftigte, die sich um den **sportlichen** und **wirtschaftlichen** Erfolg kümmern.

Dieses Diagramm zeigt die verschiedenen Mitarbeiterinnen und Mitarbeiter eines Fußballvereins, was sie tun und wie sie zusammenarbeiten, um den Verein in Gang zu halten.

Der englische Klub Notts County gilt als erster Profifußballklub der Welt.

Die Mitglieder, die manchmal auch Beteiligungen an dem Verein besitzen, treffen die Entscheidungen über den Verein und seine Zukunft.

Der Geschäftsführer beaufsichtigt die laufenden Geschäfte des Vereins und berichtet dem Aufsichtsrat.

Die kaufmännische Leiterin handelt Verträge mit Sponsoren und anderen Unternehmen aus.

Die Finanzchefin kümmert sich um die finanziellen Mittel des Vereins.

Der Sportdirektor ist für die Zusammenstellung des Kaders und die Erarbeitung von Terminplänen zuständig.

Trainer und Trainerinnen betreuen die ersten Mannschaften. Sie leiten das Training, stellen die Teams auf und legen die Spieltaktik fest.

Die Verkaufsleiterin beaufsichtigt den Ticketverkauf und das Merchandising.

Verkaufsleiterin

Scouts besuchen für den Klub andere Spiele und halten nach jungen Talenten Ausschau.

Scouts

Co-Trainer unterstützen den Trainer oder die Trainerin bei der Vorbereitung der Teams.

Co-Trainer

Der Vereinsarzt ist für die medizinische Betreuung der Spielenden zuständig.

Vereinsarzt

Das ganze Team besteht aus einem Kader von 20 bis 30 Spielenden, damit bei Verletzungen Ersatz vorhanden ist.

Erste Mannschaften

Zusammenarbeit mit Behörden

An Heimspieltagen muss die Sicherheit im und um das Stadion sowie das Funktionieren des öffentlichen Nahverkehrs mit den zuständigen Behörden organisiert werden.

Schüler- und Jugendteams

In zahlreichen Schüler- und Jugendteams aller Jahrgangsstufen wird der Nachwuchs auf breiter Basis gefördert.

Trainerstab

Der Trainerstab ist mit seinen Spezialisten für verschiedene Trainingsaspekte wie z. B. das Torwarttraining zuständig.

Physiotherapeutin

Die Physiotherapeutin kümmert sich um verletzte Spielerinnen und Spieler und beugt Verletzungen vor.

Die Trainer

Die Trainer legen die Trainingsabläufe fest, stellen die Teams auf und bestimmen die Taktik. Auch abseits des Spielfelds haben sie viele Aufgaben. Der **Sportdirektor** unterstützt sie dabei.

Trainer und Trainerinnen müssen vor allem dafür sorgen, dass die Mannschaft möglichst viele Spiele gewinnt. Doch ihre Arbeit ist mit dem Abpfiff nicht beendet – es warten auch noch andere Aufgaben auf sie.

Guy Roux trainierte den französischen Klub AJ Auxerre 44 Jahre lang (1961–2004).

Im Rampenlicht

- Mit den Medien zusammenarbeiten.
- Pressekonferenzen geben.
- Sponsoren unterstützen.
- Klub-Events besuchen.
- In den Klub-Medien auftreten.

Aufgaben des Sportdirektors

- Spielerkader planen.
- Verhandlungen mit anderen Klubs führen und Verträge mit Spielern abschließen.
- Teilnahme an Vorstandssitzungen.
- Zusammenarbeit mit den Scouts.
- Vorgesetzter der Trainerinnen und Trainer.

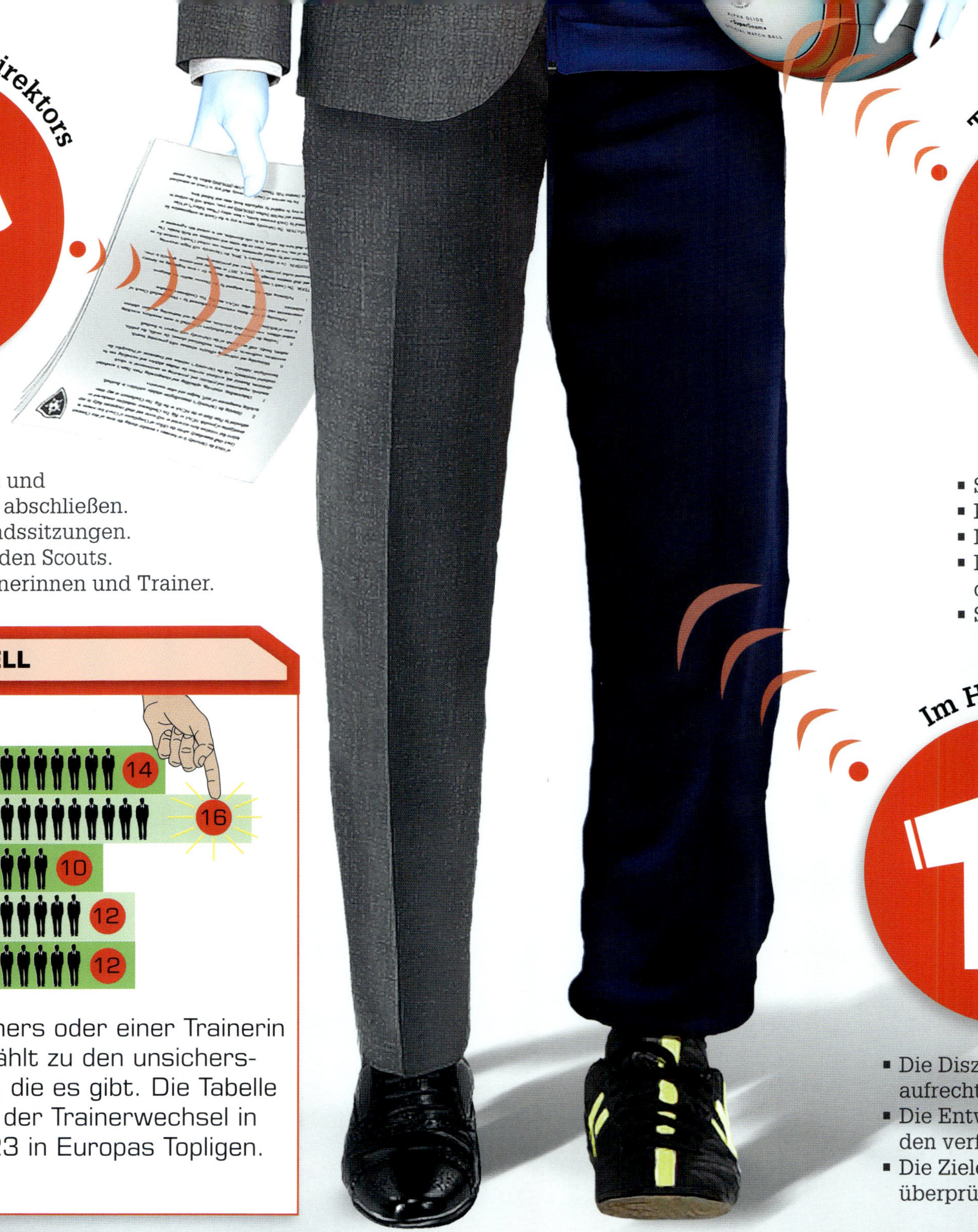

Team und Spielende

- Spielsystem festlegen.
- Das Team aufstellen.
- Die Spielenden motivieren.
- Den Spielenden vor und während des Spiels Anweisungen geben.
- Spielerwechsel vornehmen.

Im Hintergrund

- Die Disziplin der Spielenden aufrechterhalten.
- Die Entwicklung der Spielenden verfolgen.
- Die Ziele für das Training überprüfen und anpassen.

TRAINERKARUSSELL

England (Premier League)	14
Spanien (Primera Division)	16
Italien (Serie A)	10
Frankreich (Ligue 1)	12
Deutschland (Bundesliga)	12

Der Job eines Trainers oder einer Trainerin im Spitzenfußball zählt zu den unsichersten Arbeitsplätzen, die es gibt. Die Tabelle oben zeigt die Zahl der Trainerwechsel in der Saison 2022/23 in Europas Topligen.

Die Außenhülle der Allianz Arena leuchtet in Rot, wenn Bayern spielt.

LEGENDE

1 Teambus-Parkplatz
2 Spielereingang
3 Gästekabine
4 Heimkabine
5 Aufwärmraum
6 Schiedsrichterkabine
7 Pressekonferenzraum

Die 2005 eröffnete Allianz Arena in München zählt mit ihren 75 000 Plätzen zu den größten Fußballstadien in Europa. Sie ist Austragungsort der Heimspiele des FC Bayern München und zahlreicher Spiele der deutschen Nationalmannschaft.

Spielereingang

Die Teams gelangen durch einen eigenen Eingang ins Stadion, damit sie von den zahlreichen Fans nicht aufgehalten und abgelenkt werden.

Das **Stadion**

Im Inneren des Stadions befinden sich alle Einrichtungen zur **Vorbereitung** der Spielenden aufs Spiel. Das Spielfeld in der Mitte ist ringsum von **steilen Zuschauerrängen** umgeben.

Kabine

In der Kabine ziehen sich die Spielenden um und versammeln sich zur Motivationsansprache des Trainers vor dem Spiel.

Spielertunnel

Der Spielertunnel führt aufs Spielfeld. Bevor sie dieses betreten, stellen sich beide Teams im Tunnel auf.

Transfers

Ein Scout hat die Aufgabe, neue Spieltalente zu finden. Größere Klubs haben bis zu 15 Scouts.

Im Profifußball gibt es zwei **Transfer-Zeitfenster**: von Anfang Juli bis Ende August und im Januar. Das sind aufregende Zeiten für Fußballfans – doch wie funktionieren Transfers eigentlich?

Neu entdecktes Talent

Die richtigen Spielenden zu finden ist nur der Beginn eines langen Prozesses. Ein Verein muss viele Hürden nehmen, bevor Spielende offiziell unterschreiben.

Das Angebot

Hat ein Verein den gewünschten Spieler gefunden, macht er dem Verein, bei dem er spielt, ein Angebot. Meist kommt es erst nach mehreren Angeboten zu einer Einigung.

Beginn der Verhandlungen

Wird das Angebot angenommen, spricht der Verein mit dem Spielerberater über den Vertrag. Beide Parteien müssen sich über Details wie Gehalt und Leistungsboni einigen.

IN GOLD AUFGEWOGEN

Der erste Spieler, der buchstäblich in Gold aufgewogen wurde, war Bernabé Ferreyra. Der argentinische Verein River Plate bezahlte 1932 für ihn umgerechnet 25000 €, damals sicher mehr Geld, als sein Gewicht in Gold betragen hätte.

Ein Spielerberater erhält etwa 5 % der Transfersumme als Provision.

Vertragsausarbeitung

Der ausgearbeitete Vertrag regelt noch viele andere Einzelheiten. Ein Spieler der englischen Premier League hatte in seinem Vertrag sogar eine Klausel, die ihm Reisen in den Weltraum verbot!

Medizin-Check

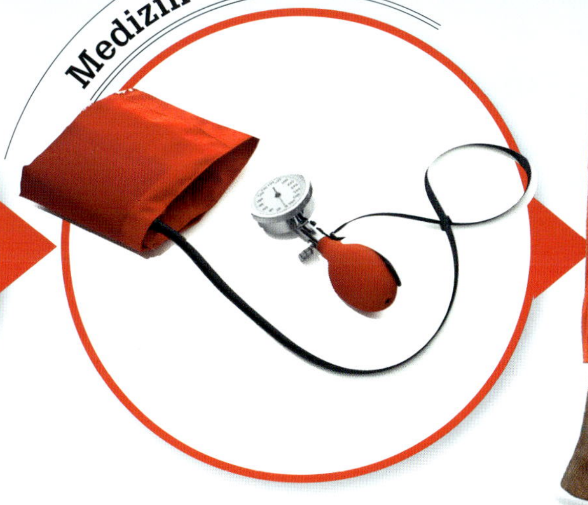

Ist der Vertrag ausgearbeitet, muss der Spieler bei einer medizinischen Untersuchung seine Fitness nachweisen. So sollen verborgene Verletzungen oder Schwächen ausgeschlossen werden.

Vertragsabschluss

Wenn der Spieler den Medizin-Check absolviert hat, wird der Vertrag offiziell abgeschlossen.

Training

Spielerinnen und Spieler üben im Training vor allem ihre **Balltechniken**, arbeiten aber auch an **Tempo**, **Ausdauer**, **Beweglichkeit**, **Kraft** und **taktischem Verhalten**.

Sehr intensive Übungen wie Sprints um Hindernisse, Hürdenspringen und Standsprünge verbessern Tempo und Beweglichkeit der Spielenden.

GUT ZU WISSEN

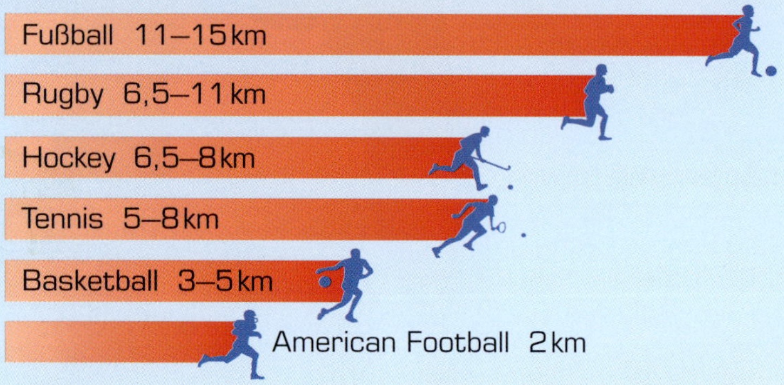

Fußballspielerinnen und -spieler müssen sehr fit sein. In einem 90-minütigen Spiel legen sie im Durchschnitt eine Strecke von 11–15 km zurück.

Die Spielerinnen trainieren regelmäßig ihre Balltechniken. In Trainingsspielen üben sie auch Standardsituationen und verschiedene Angriffs- und Abwehrformen.

Profispieler trainieren im Schnitt 3 Stunden täglich.

FLÜSSIGKEITSVERLUST

Im Training verlieren Spielerinnen und Spieler durch Schwitzen etwa 1–1,5 kg an Gewicht. Diese Menge kann in einem Spiel an einem heißen Tag auf bis zu 3 kg ansteigen. Um nicht zu dehydrieren, empfehlen Ärzte, dass sie zum Ausgleich für jedes verlorene Kilogramm Gewicht 1,2–1,5 Liter Flüssigkeit zu sich nehmen.

Ausdauer

Die Mannschaft macht Ausdauerübungen wie Laufen und Zirkeltraining. Alle Spieler müssen so fit sein, dass sie ein ganzes Spiel durchhalten, ohne zu ermüden.

Kraft

Fitnessübungen sollen vor allem die Beinmuskeln und die gesamte Körperkraft entwickeln.

Taktisches Verhalten

Die Trainer lassen Taktiken einüben, damit die Spielenden ihre Aufgaben auf dem Platz kennen und sich auch unter hohem Druck in einem Spiel an den Spielplan halten.

Verletzungs-risiko

Fußball ist ein körperbetontes Spiel, bei dem die Spielenden **sprinten**, **springen** und **grätschen**. Dabei werden **Muskeln**, **Gelenke** und **Knochen** stark belastet, was zu **Verletzungen** führen kann.

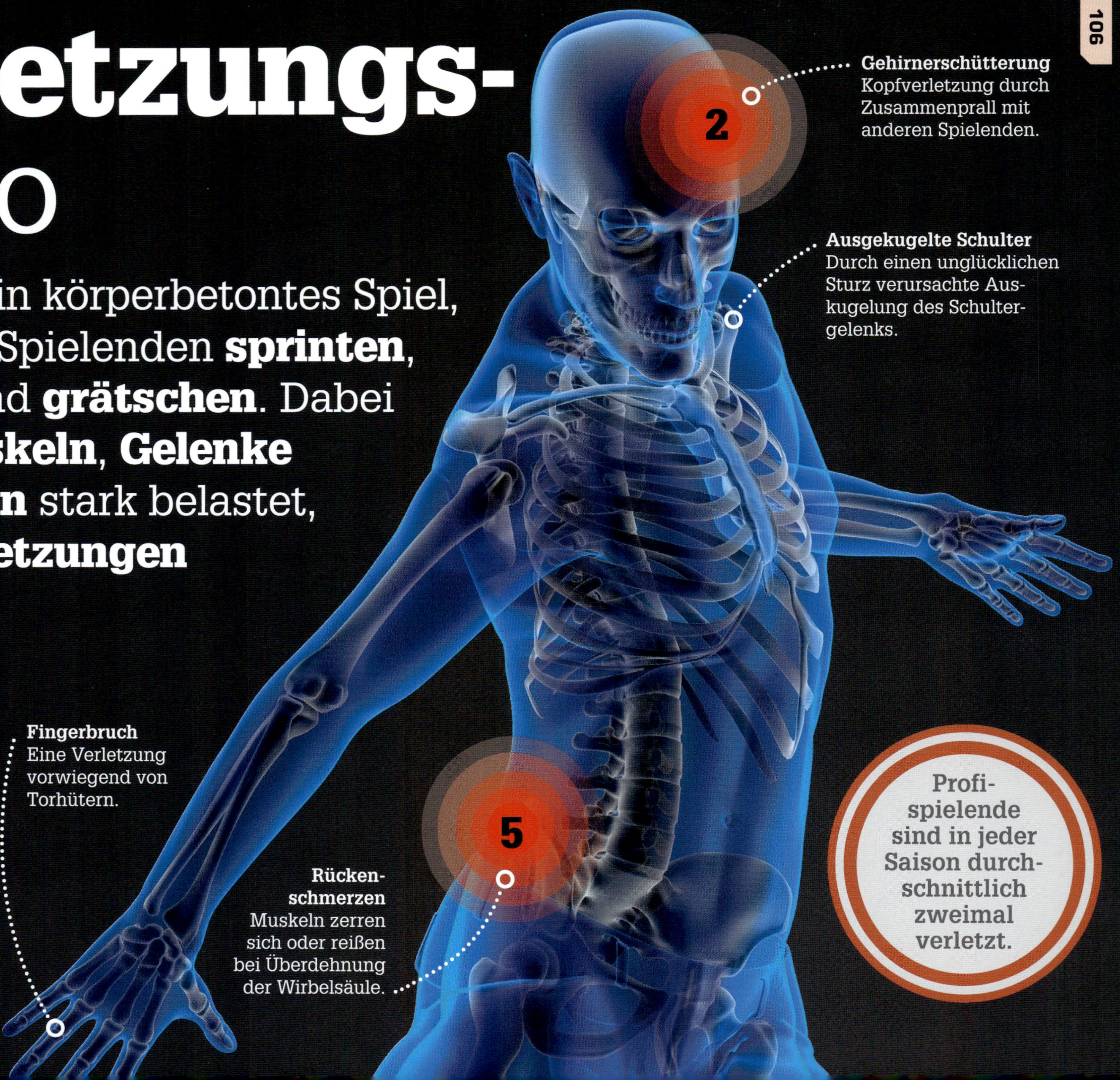

Gehirnerschütterung
Kopfverletzung durch Zusammenprall mit anderen Spielenden.

Ausgekugelte Schulter
Durch einen unglücklichen Sturz verursachte Auskugelung des Schultergelenks.

Die roten Kreise heben die Körperteile hervor, die besonders gefährdet sind. Die Zahl im Kreis gibt die Häufigkeit von Verletzungen des Körperteils an, bezogen auf je 100 Verletzungen.

Fingerbruch
Eine Verletzung vorwiegend von Torhütern.

Rückenschmerzen
Muskeln zerren sich oder reißen bei Überdehnung der Wirbelsäule.

Profispielende sind in jeder Saison durchschnittlich zweimal verletzt.

DIE ROLLE DES PHYSIOTHERAPEUTEN

Der Physiotherapeut behandelt im Spiel verletzte Spielerinnen und Spieler und begleitet sie bei ihrer Genesung. Er kümmert sich auch um die Fitness und entwickelt individuelle Trainingsprogramme, die den Spielenden helfen, fit zu bleiben.

Wochenplan von **Fußball-Profis**

Fußball-Profis müssen diszipliniert leben und halten sich an eine **strenge Routine**, um sich gut vorzubereiten. Sie müssen sich aber auch **erholen**.

EISBÄDER

Nach jedem Spiel beugen die Spielenden einem Muskelkater mit Eisbädern vor. Die Kälte verengt die Blutgefäße und reduziert so die Durchblutung. Sobald sie das Bad verlassen erweitern sich die Gefäße wieder, sodass frisches, sauerstoffreiches Blut in die Muskeln gelangt.

So sieht ein möglicher Wochenplan einer Profifußballerin oder eines Profifußballers aus. Er veranschaulicht, wie oft trainiert wird. Doch genauso wichtig ist die Erholungszeit – Spielende benötigen nachts etwa 8 bis 10 Stunden Schlaf.

Profis trainieren etwa 15 Stunden pro Woche mit dem Ball.

Mittwoch	Donnerstag	Freitag	Samstag	Sonntag
Taktische Vorbereitung	Erholung – leichte Fitnessübungen	Kraft- und Tempotraining	Balltechnik in kleinen Gruppen	Erholung – leichte Fitnessübungen
Dehnübungen für die Beweglichkeit	Nachbesprechung des Spiels mit dem Trainer	Übungsspiel	Fahrt im Teambus zum Auswärtsspiel	Nachbesprechung des Spiels mit dem Trainer
Balltechnik in kleinen Gruppen	Individuelle Balltechnik	Taktische Vorbereitung	AUSWÄRTSSPIEL Anpfiff: 15.30 Uhr	Physiotherapie
HEIMSPIEL: Anpfiff: 20.45 Uhr	Freizeit	Freizeit	Heimreise nach dem Spiel	Freizeit

Die **Fans**

Echte **Fußballfans** schauen nicht nur zu. Sie nehmen eifrig Anteil und gelten als **„zwölftes Mitglied“** des Teams. Mit Sprechchören, Gesängen und Meinungsäußerungen schaffen sie eine **Atmosphäre**, die die Mannschaft anspornt.

Trikots, Mützen und Schals in den Farben der Mannschaft werden beim Spiel getragen.

8 von 10 Fans glauben, ihr Anfeuern helfe dem Team, besser zu spielen.

Fans genießen die laute, energiegeladene Atmosphäre, die sie im Stadion erzeugen. Manche freuen sich auf die tolle Stimmung genauso wie auf das Spiel selbst.

GUT ZU WISSEN

Fußball hat weltweit etwa 5 Milliarden Fans – mehr als jede andere Sportart auf der Erde. Rund 63 % dieser Fans sind männlich, 37 % weiblich.

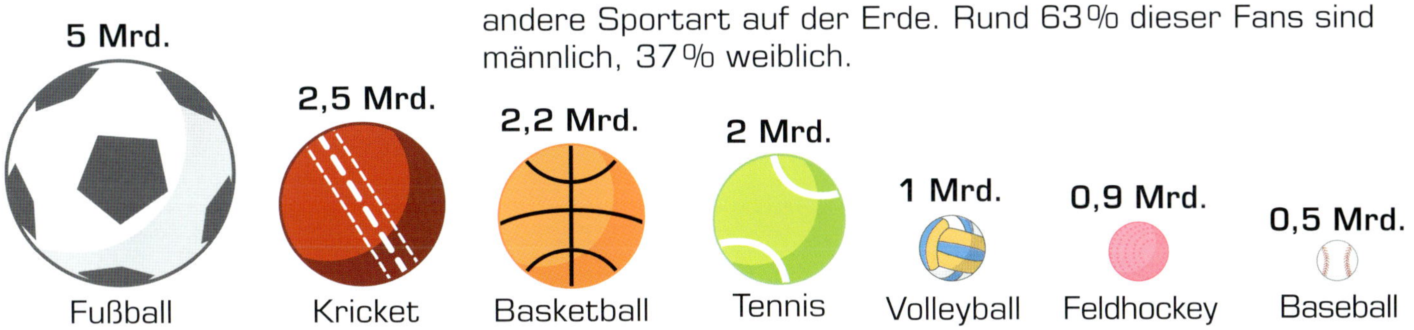

Manche Fans schwenken Fahnen zur Unterstützung ihres Teams.

Eingefleischte Fans verwenden für ihre Gesänge oft die Melodien beliebter Songs.

DIE MACHT DER FANS

Es gibt einen Trend im Weltfußball: Heimteams gewinnen die Hälfte ihrer Spiele und verlieren nur jedes vierte. Dies liegt vielleicht auch an der Atmosphäre, die Heimfans erzeugen und die ihrer Mannschaft einen mentalen Vorteil verschafft.

Nach-spielzeit

Europas **dienstälteste Fußballtrainer**

Ignacio Quereda: 27 Jahre (1988–2015) Spanische Fußballnationalmannschaft der Frauen

5 **Sir Alex Ferguson:** 27 Jahre (1986–2013) Manchester United (England)

4 **Ronnie McFall:** 30 Jahre (1986–2016) Portadown FC (Nordirland)

3 **Bill Struth:** 34 Jahre (1921–1954) Glasgow Rangers (Schottland)

2 **Willie Maley:** 43 Jahre (1897–1940) Celtic Glasgow (Schottland)

1 **Guy Roux:** 44 Jahre (1961–2005) AJ Auxerre (Frankreich)

Diese Fußballvereine haben weltweit die **meisten Follower auf Social Media**:

1 Real Madrid *(Spanien)* **362 Mio.** Fans

2 FC Barcelona *(Spanien)* **342 Mio.** Fans

3 Manchester United *(England)* **206 Mio.** Fans

4 Paris Saint-Germain *(Frankreich)* **182 Mio.** Fans

5 Juventus *(Italien)* **144 Mio.** Fans

Wie alt sind Fußballfans?

Die Tabelle zeigt den Anteil aller Fußballfans in fünf verschiedenen Altersgruppen.

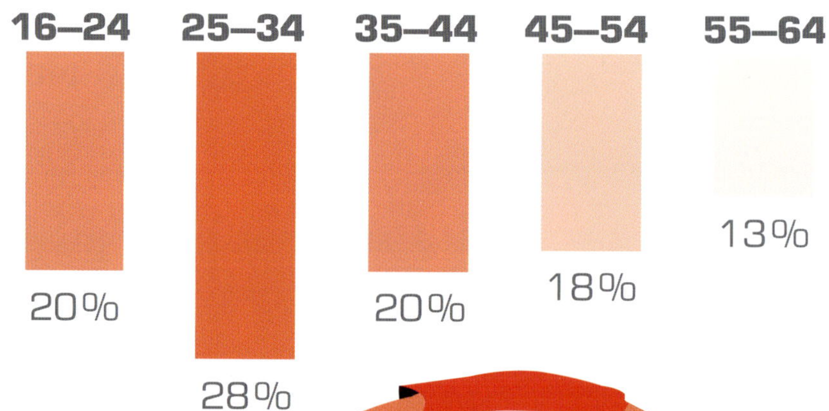

77 % aller **europäischen Fans** sind schon einmal für ein Spiel ins **Ausland** gereist. **England** ist das **beliebteste Reiseziel** für Fans, die ein Spiel sehen wollen, gefolgt von **Spanien**.

Frauenfußballspiele mit den **höchsten Zuschauerzahlen**

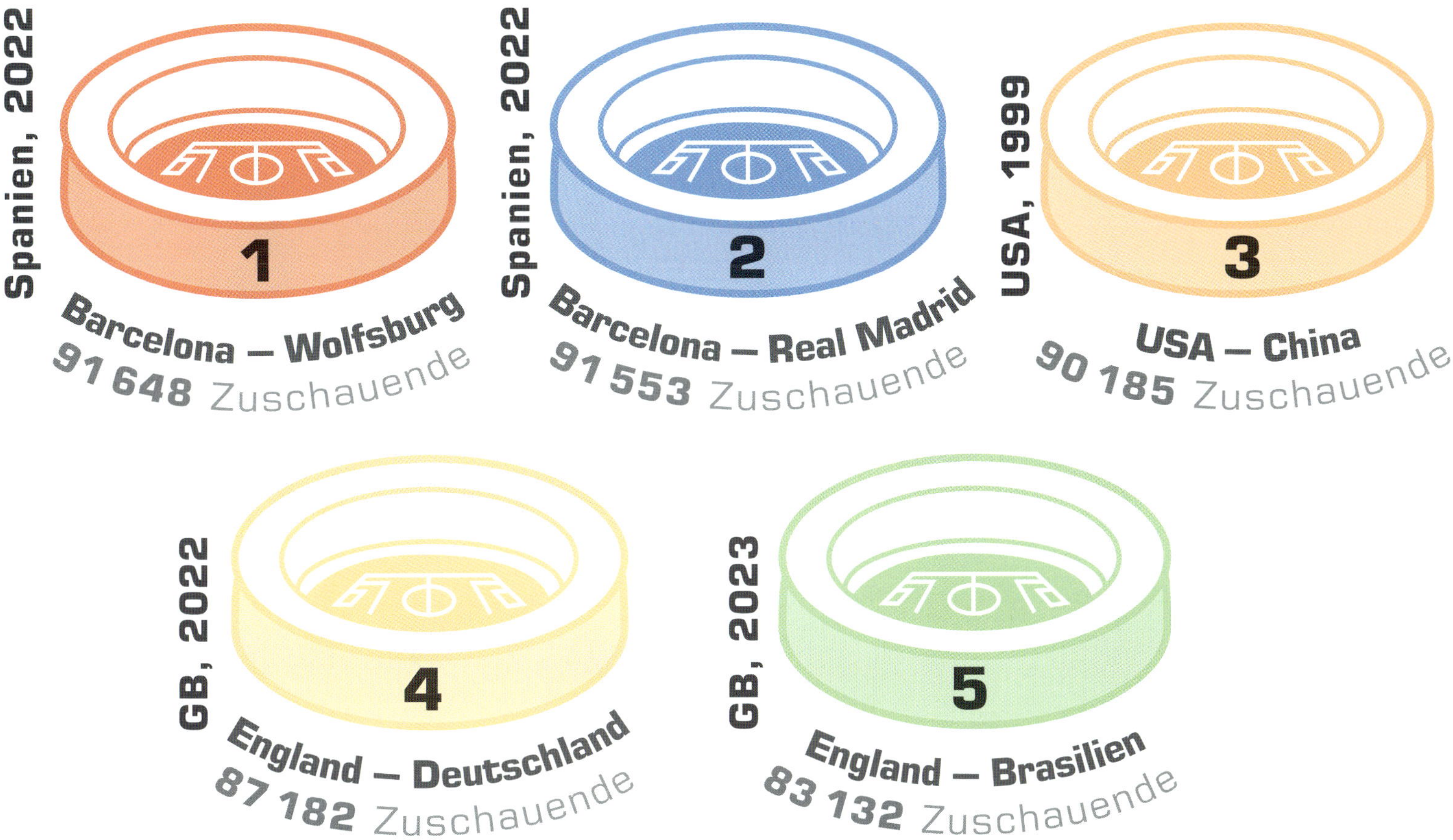

Bei der **WM 1950** in Brasilien verzeichnete das Spiel zwischen Uruguay und Brasilien im **Maracana-Stadion** einen bis heute nicht mehr erreichten **Zuschauerrekord**: 199 854.

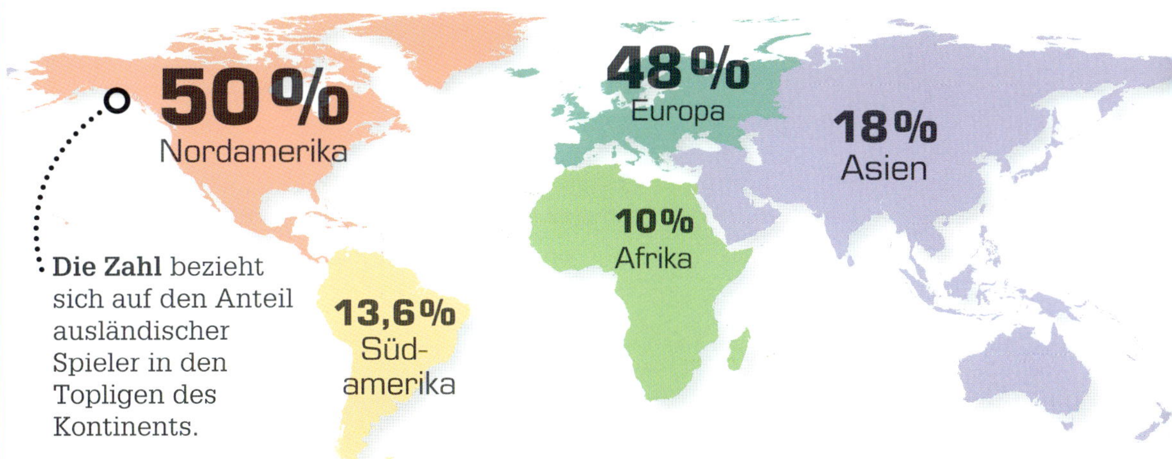

Ausländische Spieler

Fast die Hälfte der Profispieler bei den Topvereinen in **Nordamerika** und **Europa** sind Ausländer. Die Klubs dort zählen zu den reichsten und ziehen die weltbesten Spieler an.

13
14
8

Turniere und Trophäen

Der Erfolg eines Teams wird an der Anzahl von Turnieren und Trophäen gemessen, die es gewonnen hat. Auf internationaler Ebene spielen Nationalmannschaften alle 4 Jahre um die FIFA Weltmeisterschaft. Darüber hinaus ermittelt jeder Kontinent in einem eigenen internationalen Wettbewerb seinen Kontinentalmeister.

Weltmeister-schaft

Seit dem Jahr 1930 findet alle 4 Jahre die FIFA Weltmeisterschaft statt, der **größte Fußballwettbewerb**. Dabei wird ermittelt, welches Land **Fußballweltmeister** wird.

Diego Maradona bestätigte seinen Ruf als weltbester Spieler, als er mit Argentinien 1986 das WM-Finale im Aztekenstadion in Mexiko-Stadt gegen Deutschland mit 3:2 gewann.

HÖHEPUNKTE

1970: Brasilien brilliert
Brasilien schlug im Finale in Mexico City Italien mit 4:1. Zum ersten Mal trafen zwei ehemalige Weltmeister im Finale aufeinander. Und erstmals wurde eine WM im Farbfernsehen übertragen.

2022: Messis Triumph
Argentiniens Kapitän krönte seine Karriere mit dieser WM in Katar. Bei dem spannenden Finale gegen Frankreich stand es nach Verlängerung 3:3, doch Argentinien gelang es, das Elfmeterschießen mit 4:2 für sich zu entscheiden.

Nur 13 Teams nahmen im Jahr 1930 an der ersten WM in Uruguay teil.

FAKTEN ZUM TURNIER

Erste Austragung:
1930

Weltfußballverband:
FIFA

Teilnehmer:
32

Die Qualifikation der 32 Nationen für die Endrunde der Weltmeisterschaft startet meist 3 Jahre vor Turnierbeginn.

Weltmeisterschaft der Frauen

2023 siegte Spanien im Finale, das im Stadium Australia in Sydney augetragen wurde, mit 1:0 gegen England. Es war das bisher popuplärste Frauenturnier mit Rekord-Zuschauerzahlen und einem Millionenpublikum vor dem Fernseher.

FAKTEN ZUM TURNIER

Erste Austragung: 1991

Weltfußballverband: FIFA

Teilnehmer: 32

Qualifikationsturniere in allen Konföderationen ermitteln die 32 Teams für die Endrunde der FIFA Fußballweltmeisterschaft der Frauen.

Die erste FIFA Fußballweltmeisterschaft der **Frauen** fand 1991 statt. Das Turnier wird alle **4 Jahre** ausgetragen.

1970 gewann Dänemark eine inoffizielle Weltmeisterschaft der Frauen in Italien.

HÖHEPUNKTE

2007: Titelverteidigung
Durch Tore von Birgit Prinz und Simone Laudehr verteidigten Deutschlands Frauen mit einem 2:0-Finalsieg über Brasilien ihren 2003 gewonnenen Titel.

2011: Japan jubelt
In einem spannenden Finale gegen die USA holte Japan zweimal einen Rückstand auf und erzwang ein Elfmeterschießen. Nach mehreren Fehlschüssen beider Seiten siegten am Ende die Japanerinnen mit 3:1.

2019: USA brechen Rekord
In Frankreich besiegten die USA die Niederlande im Finale mit 2:0. Damit verteidigten sie ihren Titel und erreichten mit dem vierten Sieg bei einer Weltmeisterschaft einen neuen Rekord.

Europa-meisterschaft

Seit 1960 wird alle 4 Jahre um die UEFA Europameisterschaft gespielt. Dabei ermitteln die Nationalteams den **Europa-meister**.

Italiens Kapitän Giorgio Chiellini hält den Pokal bei der EM 2020 in die Höhe – Das Turnier musste wegen der Covid-19 Pandemie auf 2021 verlegt werden. Das Finale gegen England in Wembley entschied nach einem spannenden Elfmeterschießen Italien mit 3:2 für sich.

FAKTEN ZUM TURNIER

Erste Austragung:
1960

Kontinental-verband:
UEFA

Teilnehmer:
24

Die Zahl der Länder, die sich für die Endrunde der UEFA Europameisterschaft qualifizieren, wurde 2016 erstmals auf 24 erhöht.

Spanien und Deutschland haben das Turnier jeweils dreimal gewonnen.

HÖHEPUNKTE

1984: Allez les Bleus
Michel Platini (oben) führte Gastgeber Frankreich mit fantastischen 9 Toren (einem Rekord) zum Titel. Eines davon erzielte er beim 2:0-Finalsieg über Spanien.

1988: Oranje siegt
Mit Toren von Ruud Gullit und Marco van Basten schlugen die Niederlande im Finale die Sowjetunion mit 2:0 – der bisher einzige internationale Turniersieg der Niederlande.

2012: Spanisches Double
Mit zwei Toren in jeder Halbzeit schlug Spanien im Finale Italien mit 4:0 – und war das erste Team, das seinen Europameistertitel erfolgreich verteidigen konnte.

Europameisterschaft der Frauen

FAKTEN ZUM TURNIER

Erste Austragung:
1982

Kontinentalverband:
UEFA

Teilnehmer:
16

Das Turnier findet alle 4 Jahre statt. 2017 wurde die Anzahl der Mannschaften in der Finalrunde von 12 auf 16 erhöht.

Das erste europaweite Turnier fand **1982** statt und wurde **von Schweden gewonnen**. 1989 erhob die UEFA das Turnier auf **Meisterschaftsebene**.

HÖHEPUNKTE

2013: Sechsmal nacheinander
Deutschland gewann das Turnier mit dem 1:0-Sieg über Norwegen zum sechsten Mal in Folge. Torhüterin und Kapitänin Nadine Angerer parierte zwei Elfmeterschüsse und war die Heldin des Tages.

2017: Die Niederlande jubeln
Das niederländische Team gewann als vierte Nation den Titel, da ihnen ein 4:2-Sieg über Dänemark gelang. Auf dem Weg zum Finale gewannen die unbesiegbaren Niederländerinnen alle sechs Spiele.

2022 besiegten Englands Löwinnen Deutschland mit 2:1 und holten sich die Trophäe. Beim Finale im Wembley-Stadion saßen 87 192 Personen im Publikum – das ist ein Rekord bei Europameisterschaften sowohl für Frauen als auch für Männer.

Trainerin **Sarina Wiegman** führte die **Niederlande** und **England** zum Sieg.

Copa **América**

Das **älteste internationale Fußballturnier** der Welt ist die Copa América. Schon seit 1916 wird der **Südamerikameister** regelmäßig ermittelt.

FAKTEN ZUM TURNIER

Erste Austragung: 1916

Kontinentalverband: CONMEBOL

Teilnehmer: 16

Das Turnier umfasst 16 Teams: 10 aus der CONMEBOL und 6 Gäste aus der CONCACAF. Nach einer Gruppenphase folgen die K.-o.-Spiele.

2021 gewinnt Lionel Messi seine erste internationale Trophäe nachdem Argentinien im Finale Brasilien mit 1:0 besiegt hat. 28 lange Jahre hatte Argentinien das Turnier nicht mehr gewonnen.

Brasilien und Uruguay gewannen das Turnier als Gastgeber immer.

HÖHEPUNKTE

1949: Brasilien siegt wieder
Zizinho (oben rechts) führte Brasilien im Finale gegen Paraguay aufs Feld. Brasiliens 7:0-Sieg war der dritte Copa-Erfolg – aber der erste Sieg nach 27 Jahren Pause!

1979: Perfektes Paraguay
Paraguay besiegte Chile im Finale nach Hin- und Rückspiel sowie einem Entscheidungsspiel insgesamt mit 3:1. Damit gewann das Land die Trophäe zum zweiten Mal.

1993: Über Grenzen hinweg
Argentinien schlug Mexiko im Finale mit 2:1. Erstmals hatten Teams (Mexiko und die USA) an dem Turnier teilgenommen, die nicht aus Südamerika kamen.

Copa **América Femenina**

Dieses Turnier fand **1991** zum ersten Mal statt und wird stark **von Brasilien dominiert**. Nur ein anderes Land hat ebenfalls schon gesiegt: Argentinien.

FAKTEN ZUM TURNIER

Erste Austragung: 1991
Kontinentalverband: CONMEBOL
Teilnehmer: 10

Das Turnier findet alle zwei Jahre statt. Die Siegerinnen sowie die Zweit- und Drittplatzierten qualifizieren sich automatisch für die FIFA-Weltmeisterschaft der Frauen.

2022 verteidigten die Meisterinnen aus Brasilien den Pokal zum achten Mal. Sie besiegten im Finale die Gastgeberinnen aus Kolumbien mit 1:0.

1998 fielen in 24 Spielen 143 Tore – das ist ein Durchschnitt von 5,96 Toren pro Spiel!

HÖHEPUNKTE

2014: Brasiliens Größe
2014 gab es eine ungewöhnliche Finalrunde. Anstelle der Halbfinalspiele und des Finales traten alle vier Sieger der Gruppenphase je einmal gegeneinander an. Brasilien siegte in allen Spielen.

2022: Wichtige Entscheidung
Von dem dramatischen Spiel um den dritten Platz zwischen Paraguay und Argentinien hing gleichzeitig die Qualifikation für die Weltmeisterschaft ab. Argentinien traf in der 90. und 91. Minute und sicherte sich einen 3:1-Sieg.

Afrikameisterschaft

Die **Afrikameisterschaft** wurde zum ersten Mal 1957 ausgetragen und findet im Unterschied zu den meisten anderen großen kontinentalen Turnieren nicht alle 4, sondern alle **2 Jahre** statt.

Kalidou Koulibaly hebt die Trophäe als erster Spieler aus dem Senegal in die Höhe – sein Team besiegte Ägypten im Finale der Afrikameisterschaft 2022. Nachdem auch in der Verlängerung keine Tore gefallen waren, wurde der entscheidende Elfmeter von Sadio Mané verwandelt.

Nur drei Länder nahmen 1957 an der ersten Afrikameisterschaft teil.

FAKTEN ZUM TURNIER

Erste Austragung:
1957

Kontinentalverband:
CAF

Teilnehmer:
24

In der Qualifikation treten 48 Teams in 12 Gruppen gegeneinander an. Die Gruppensieger und die Gruppenzweiten nehmen an der Endrunde teil.

HÖHEPUNKTE

1988: Kamerun ist topp
Das von Roger Milla (oben) angeführte Kamerun erwies sich als bestes Team Afrikas und schlug Nigeria im Finale mit 1:0. Es war der zweite Titel in 4 Jahren.

1996: Heimtriumph
Durch zwei Tore von Mark Williams setzte sich Südafrika bei seiner ersten Turnierteilnahme im Finale von Johannesburg mit 2:0 gegen Tunesien durch.

2008: Wieder Ägypten
Mit dem 1:0-Sieg im Finale gegen Kamerun gewann Ägypten das Turnier zum sechsten Mal – der siebte Turniertriumph folgte dann im Jahr 2010.

Afrikameisterschaft der Frauen

Ein **afrikanisches Länderturnier der Frauen** fand **1991** erstmals statt. Das **aktuelle Format und den Namen** gibt es seit 2016.

Zum **Finale** von **2022** kamen 51 000 Zuschauer. Das ist ein **Rekord** für ein Spiel der Frauen in Afrika.

FAKTEN ZUM TURNIER

Erste Austragung:
1991

Kontinentalverband:
CAF

Teilnehmer:
12

Die drei besten Teams dieses Turniers im Zweijahresturnus repräsentieren Afrika in der Finalrunde der Weltmeisterschaft der Frauen.

HÖHEPUNKTE

2018: Nigeria schafft Hattrick
2018 fand das Turnier in Ghana statt. Die damaligen Meisterinnen aus Nigeria errangen bei ihrem insgesamt 11. Sieg zum dritten Mal in Folge den Pokal.

2022: Gastgeberinnen Marokko
In der 24-jährigen Geschichte des Turniers war Marokko das erste nordafrikanische Gastgeberland und erreichte als erste arabische Nation auch das Finale.

Südafrika schlug 2022 die Gastgeberinnen aus Marokko dank zweier Tore von Hildah Magaia in der zweiten Halbzeit. Der 2:1-Sieg sicherte den Südafrikanerinnen den ersten Pokal. Bis dahin hatten sie fünf Finalspiele stets verloren.

Asienmeisterschaft

Die erstmals 1956 ausgetragene **Asienmeisterschaft** ist nach der Copa América die zweitälteste Fußball-Kontinentalmeisterschaft der Welt. Sie findet alle **4 Jahre** statt.

Australien schloss sich 2006 der Asiatischen Konföderation an und gewann das Turnier 2015.

Katar besiegte Japan mit 3:1 im Finale der Asienmeisterschaft, die 2019 in den Vereinigten Arabischen Emiraten gespielt wurde. Das kleine Land gewann erstmals die Trophäe – und Japan verlor zum ersten Mal ein Finale.

FAKTEN ZUM TURNIER

Erste Austragung: 1956

Kontinentalverband: AFC

Teilnehmer: 24

Im Anschluss an eine Reihe von Gruppen- und Play-off-Spielen stehen die 24 Mannschaften fest, die sich für die Finalrunde qualifizieren konnten.

HÖHEPUNKTE

1996: Super-Saudis
Torwart Mohammed Al-Deayea (oben) verhalf Saudi-Arabien zum dritten Turniersieg beim 4:2 im Elfmeterschießen gegen die Vereinigten Arabischen Emirate.

2007: Irak jubelt in Jakarta
Der Irak konnte die politischen Unruhen im eigenen Land verdrängen und schlug Saudi-Arabien im Finale von Jakarta mit 1:0. Es war der erste Titelgewinn.

2011: Vierter Titel für Japan
Durch ein Tor in der 109. Minute von Tadanari Lee schlug Japan Australien mit 1:0 in Doha (Katar). Die vierte Asienmeisterschaft für Japan ist ein neuer Rekord.

Asienmeisterschaft der Frauen

Sie ist das **älteste internationale Fußballturnier für Frauen der Welt** und findet **seit 1975** regelmäßig statt.

FAKTEN ZUM TURNIER

Erste Austragung:
1975

Kontinentalverband:
AFC

Teilnehmer:
12

Seit 2010 findet das Turnier alle vier Jahre statt. Im Jahr 2022 wurde die Zahl der teilnehmenden Mannschaften von acht auf zwölf erhöht.

Im Endspiel von 2022 in Indien bezwang China Südkorea mit 3:2 und errang damit den Pokal zum neunten Mal – ein Rekord. China holte einen Rückstand von 0:2 auf. Das Siegtor fiel erst in der 93. Minute.

Von 1975 **bis 1982** dauerten die Spiele in diesem Turnier **60 Minuten!**

HÖHEPUNKTE

2018: Japan im Freudentaumel
Bei dem Turnier in Jordanien besiegte Japan Australien mit 1:0 und errang damit den zweiten Titel in Folge. Kumi Yokoyama erzielte das Siegtor in der 84. Minute.

2022: Siebenfache Torjägerin
Die australische Stürmerin Sam Kerr (oben) wurde 2022 mit dem Goldenen Schuh geehrt. Australien erreichte zwar nur das Viertelfinale, aber sie schoss sieben Tore.

UEFA Champions **League**

Das Turnier wurde von 1956 bis 1992 als Europapokal der Landesmeister ausgetragen und gilt heute als **wichtigster Vereinswettbewerb** der Welt.

380 Mio. Zuschauer sahen das Finale 2018 am Fernseher. Rekord!

UEFA CHAMPIONS LEAGUE DER FRAUEN

2023: Barcelona sicherte sich mit dem Finalsieg über den VfL Wolfsburg den zweiten Titel in der Champions League. Ein Rekord-Publikum von 33 147 sah in Eindhoven (Niederlande) zu, wie Barcelona einen 0:2-Rückstand in den 3:2-Sieg verwandelte. Patri Guijarros wurde mit zwei Toren in der 2. Halbzeit als Beste Spielerin ausgezeichnet.

Erling Haaland von Manchester City reckt nach dem Sieg gegen Inter Mailand im Finale von 2023 den Pokal in die Höhe. Das einzige Tor des Spiels schoss Rodri in der Mitte der zweiten Halbzeit.

Copa **Libertadores**

Die erstmals 1960 und seither alljährlich ausgetragene **Copa Libertadores** ermittelt den besten Klub **Südamerikas**.

Von Pelé (rechts in Weiß) inspiriert kam der brasilianische Klub FC Santos zum zweiten Sieg in Folge, als man Argentiniens Boca Juniors im Finale 1963 mit insgesamt 5:3 schlug.

COPA LIBERTADORES FEMENINA

2022: Der brasilianische Verein Palmeiras gewann das 14. Turnier der Frauenfußballvereine Südamerikas. Im Finale in Quito (Ecuador) schlugen sie den argentinischen Verein Boca Juniors 4:1. Brasilien dominiert das Turnier seit jeher, die brasilianischen Vereine São José und Corinthians siegten je dreimal. 2019 führte die Conmebol die Regel ein, dass Vereine ohne Frauenteam vom Copa Libertadores der Männer ausgeschlossen werden.

Der Argentinier Carlos Bianchi gewann als einziger Trainer die Trophäe viermal.

Ehrentafel

FIFA WELTMEISTERSCHAFT

MÄNNER	
1930	Uruguay
1934	Italien
1938	Italien
1950	Uruguay
1954	Deutschland
1958	Brasilien
1962	Brasilien
1966	England
1970	Brasilien
1974	Deutschland
1978	Argentinien
1982	Italien
1986	Argentinien
1990	Deutschland
1994	Brasilien
1998	Frankreich
2002	Brasilien
2006	Italien
2010	Spanien
2014	Deutschland
2018	Frankreich
2022	Argentinien

FRAUEN	
1991	USA
1995	Norwegen
1999	USA
2003	Deutschland
2007	Deutschland
2011	Japan
2015	USA
2019	USA
2023	Spanien

MEISTE GEWONNENE TITEL

MÄNNER

Brasilien	5
Deutschland	4
Italien	4
Argentinien	2
Uruguay	3
Frankreich	2

FRAUEN

USA	4
Deutschland	2
Norwegen	1
Japan	1
Spanien	1

MEISTE TORE IN EINEM TURNIER

MÄNNER: **Just Fontaine** (Frankreich, 1958) **13**

FRAUEN: **Michelle Akers** (USA, 1991) **10**

COPA AMÉRICA / COPA AMÉRICA FEMENINA

1916	Uruguay
1917	Uruguay
1919	Brasilien
1920	Uruguay
1921	Argentinien
1922	Brasilien
1923	Uruguay
1924	Uruguay
1925	Argentinien
1926	Uruguay
1927	Argentinien
1929	Argentinien
1935	Uruguay
1937	Argentinien
1939	Peru
1941	Argentinien
1942	Uruguay
1945	Argentinien
1946	Argentinien
1947	Argentinien
1949	Brasilien
1953	Paraguay
1955	Argentinien
1956	Uruguay
1957	Argentinien
1959	Argentinien
1959	Uruguay *
1963	Bolivien
1967	Uruguay
1975	Peru
1979	Paraguay
1983	Uruguay
1987	Uruguay
1989	Brasilien
1991	Argentinien
1993	Argentinien
1995	Uruguay
1997	Brasilien
1999	Brasilien
2001	Kolumbien
2004	Brasilien
2007	Brasilien
2011	Uruguay
2015	Chile
2016	Chile
2019	Brasilien
2021	Argentinien

COPA AMÉRICA FEMENINA	
1991	Brasilien
1995	Brasilien
1998	Brasilien
2003	Brasilien
2006	Argentinien
2010	Brasilien
2014	Brasilien
2018	Brasilien
2022	Brasilien

* *Ein zusätzliches Turnier 1959*

MEISTE GEWONNENE TITEL

MÄNNER

Uruguay	15
Argentinien	15
Brasilien	9

MEISTE TITEL ALS TRAINER

MÄNNER

6

Guillermo Stábile (Argentinien)

1941, 1945, 1946, 1947, 1955, 1957

MEISTE TORE IN EINEM TURNIER

FRAUEN

16

Roseli (Brasilien, 1998)

UEFA EUROPAMEISTERSCHAFT

MÄNNER

1960	Sowjetunion
1964	Spanien
1968	Italien
1972	Deutschland
1976	Tschechoslowakei
1980	Deutschland
1984	Frankreich
1988	Niederlande
1992	Dänemark
1996	Deutschland
2000	Frankreich
2004	Griechenland
2008	Spanien
2012	Spanien
2016	Portugal
2020	Italien

FRAUEN

1984	Schweden
1987	Norwegen
1989	Deutschland
1991	Deutschland
1993	Norwegen
1995	Deutschland
1997	Deutschland
2001	Deutschland
2005	Deutschland
2009	Deutschland
2013	Deutschland
2017	Niederlande
2022	England

MEISTE TORE IN EINEM TURNIER

MÄNNER: **Michel Platini** (Frankreich, 1984) **9**

FRAUEN:
6
Beth Mead (England, 2022)
Alex Popp (Deutschland, 2022)
Inka Grings (Deutschland, 2009)

AFRIKAMEISTERSCHAFT

MÄNNER

1957	Ägypten
1959	Ägypten
1962	Äthiopien
1963	Ghana
1965	Ghana
1968	DR Kongo
1970	Sudan
1972	VR Kongo
1974	Zaire
1976	Marokko
1978	Ghana
1980	Nigeria
1982	Ghana
1984	Kamerun
1986	Ägypten
1988	Kamerun
1990	Algerien
1992	Elfenbeinküste
1994	Nigeria
1996	Südafrika
1998	Ägypten
2000	Kamerun
2002	Kamerun
2004	Tunesien
2006	Ägypten
2008	Ägypten
2010	Ägypten
2012	Sambia
2013	Nigeria
2015	Elfenbeinküste
2017	Kamerun
2019	Algerien
2022	Senegal

FRAUEN

1991	Nigeria
1995	Nigeria
1998	Nigeria
2000	Nigeria
2002	Nigeria
2004	Nigeria
2006	Nigeria
2008	Äquatorialguinea
2010	Nigeria
2012	Äquatorialguinea
2014	Nigeria
2016	Nigeria
2018	Nigeria
2022	Südafrika

MEISTE TORE IN EINEM TURNIER

FRAUEN

11

Perpetua Nkwocha
(Nigeria, 2010)

MÄNNER

9

Ndaye Mulamba
(Zaire, 1974)

ASIENMEISTERSCHAFT

MÄNNER

1956	Südkorea
1960	Südkorea
1964	Israel
1968	Iran
1972	Iran
1976	Iran
1980	Kuwait
1984	Saudi-Arabien
1988	Saudi-Arabien
1992	Japan
1996	Saudi-Arabien
2000	Japan
2004	Japan
2007	Irak
2011	Japan
2015	Australien
2019	Katar

FRAUEN

1975	Neuseeland
1977	Taiwan
1979	Taiwan
1981	Taiwan
1983	Thailand
1986	China
1989	China
1991	China
1993	China
1995	China
1997	China
1999	China
2001	Nordkorea
2003	Nordkorea
2006	China
2008	Nordkorea
2010	Australien
2014	Japan
2018	Japan
2022	China

MEISTE GEWONNENE TITEL

MÄNNER

Japan	**4**
Iran	**3**
Saudi Arabien	**3**

MEISTE TITEL ALS TRAINER

FRAUEN

4

Ma Yuanan (China)
1993, 1995, 1997, 1999

REGISTER

Fette Seitenzahlen beziehen sich auf Haupteinträge.